PAUL HANNA

Acredite!

VOCÊ PODE!

EDITORA FUNDAMENTO

2010, Editora Fundamento Educacional Ltda.

Editor e edição de texto: Editora Fundamento
Capa e editoração eletrônica: Commcepta Design
CTP e impressão: SVP – Gráfica Pallotti

Produzido originalmente por Penguin Books

Dados Internacionais de Catalogação na Publicação (CIP)
(Câmara Brasileira do Livro, SP, Brasil)

Hanna, Paul
Acredite! Você Pode! / Paul Hanna; [versão brasileira da editora] – 1. ed. – São Paulo, SP: Editora Fundamento Educacional, 2010.

Título original: Believe and Achieve!

1. Autorrealização (Psicologia) 2. Conduta de vida 3. Felicidade 4. Otimismo 5. Sucesso I. Título.

07-9225 CDD-158.1

Índices para catálogo sistemático

1. Felicidade: Psicologia aplicada 158.1
2. Otimismo: Psicologia aplicada 158.1
3. Sucesso: Psicologia aplicada 158.1

Fundação Biblioteca Nacional

Depósito legal na Biblioteca Nacional, conforme Decreto nº 1.825, de dezembro de 1907.

Impresso no Brasil

Telefone: (41) 3015 9700
E-mail: info@editorafundamento.com.br
Site: www.editorafundamento.com.br

SUMÁRIO

Prefácio

ANTES DE CONSEGUIR, É PRECISO ACREDITAR

Acredite! Você Pode! vai fazer, antes de tudo, crer que você merece o sucesso. Depois disso, vai lhe ensinar as técnicas e ferramentas necessárias para atraí-lo, sem muito esforço ou dificuldade.

Enquanto escrevia *Acredite! Você Pode!*, recebi o que chamo de "toque de despertar". O toque de despertar normal é aquele que acorda você na hora programada, mas este de que estou falando foi metafórico – do tipo que não é solicitado, mas acaba se revelando um grande "professor".

Meu "toque de despertar" aconteceu no ano passado, pouco antes do Natal, ocasião em que minha mãe ficou gravemente ferida quando um motorista bêbado bateu de frente em seu carro. Aprendi na prática, de maneira muito dolorosa, que dizer "acredite e consiga" é fácil; fazer é que são elas. Com a família toda reunida em torno do leito de mamãe, e a morte parecendo estar perto, percebi que era hora de buscar lá no fundo a coragem de confiar em que ela sairia bem daquela situação. Percebi também que minha crença em mim mesmo determinava se eu realmente acreditava que ela ia viver.

EM QUE *ACREDITE! VOCÊ PODE!* É DIFERENTE DE *VOCÊ PODE!*?

Enquanto *Você Pode!* fornecia as bases para as suas metas, *Acredite! Você Pode!* constrói sobre essas bases, oferecendo ferramentas e estudos de casos poderosos, para ajudar você a alcançar a próxima "altitude". Ao escrever *Você Pode!*, tive o cuidado de produzir um livro fácil de ler e de terminar. Com isso, farto material reunido teve de ficar para *Acredite! Você Pode!* – o que acabou dando certo, pois muitos leitores do primeiro livro manifestaram o desejo de ir além no livro seguinte.

"Desapego" é uma área que vai levar você a novas alturas, na busca de um estilo de vida mais calmo e relaxado. "A vantagem das dificuldades" é outro capítulo com que todo leitor vai se identificar. Em última análise, a sua atitude diante dos reveses determina se você vai crescer e aprender com eles ou se tornar uma vítima das circunstâncias.

Quero que *Acredite! Você Pode!* desafie você a alcançar novas "altitudes". Quero despertar aqueles sonhos que, por alguma razão, foram sufocados pela negatividade, pelo isolamento ou pela simples perda de foco, em meio à vida agitada de hoje em dia.

Como disse certa vez um famoso astro do tênis: "Você não vence em Wimbledon antes de se acreditar um jogador excelente." É preciso confiar, para depois conseguir.

Atenciosas saudações,
Paul Hanna
Sydney, Austrália

INTRODUÇÃO

Quem não quer fazer a diferença – contribuir, deixar sua marca neste planeta maravilhoso?

Na juventude, você sonha em conhecer lugares de que ouve falar na escola. Vê um brilhante carro esportivo vermelho e deseja possuir um igual. Ou assiste a um filme romântico e sai do cinema jurando encontrar o par perfeito, assim como na história.

O que acontece ao longo do caminho? De algum modo, você perde a capacidade de acreditar que é possível realizar os sonhos. Começa a crer que o futuro não parece tão maravilhoso. E se condiciona a aceitar menos do que desejaria. As pessoas à sua volta dizem coisas do tipo "Seja feliz com o que tem; existe muita gente em pior situação". São comentários bem-intencionados, mas vêm de indivíduos que não fazem a menor ideia de como a vida funciona.

Costumo prestar consultoria a alguns dos mais importantes homens e mulheres de negócios da Austrália, todos capazes de atos de generosidade. Eles não poderiam doar centenas de milhares de dólares para caridade, se não fossem bem-sucedidos e focados. Nem estariam em posição de empregar milhares de australianos. Eles não se contentaram em atravessar a vida fugindo dos desafios; avançaram com esforço próprio e deram sua contribuição à vida do país. Todos os indivíduos de sucesso que conheço empregaram as técnicas provadas e aprovadas que descrevo em *Acredite! Você Pode!* Algumas são novas, outras existem há mais de 2 mil anos. Quer melhorar determinada área da vida? Leia, pois estou certo de que vai encontrar pelo menos uma técnica ou ferramenta transformadora. É tudo de que você precisa! Se pelo menos uma das sugestões deste livro ajudar você na busca do sucesso, o investimento terá valido a pena.

Desde o lançamento de *Você Pode!*, em 1997, venho recebendo uma enxurrada de mensagens de agradecimento enviadas de todos os cantos da Austrália. Algumas cartas me levaram às lágrimas, pelo relato da luta ferrenha empreendida até aquele ponto da vida. Outras me fizeram sorrir, pois os leitores contam que, ao ler o livro, encontraram o "elo perdido" que os impulsionou a um sucesso meteórico, em casa e no trabalho.

Gostei especialmente de escrever *Acredite! Você Pode!* pela ajuda que recebi dos leitores na escolha de estilo e temas. Foram eles que fizeram de *Você Pode!* um sucesso de vendas, pelo que serei eternamente grato. The 9 Mini Motivator, um livro motivacional de bolso lançado seis meses depois de *Você Pode!*, também se tornou um bestseller, o que realmente me comoveu. O sucesso dos livros, aliado ao fato de as datas dos seminários estarem ocupadas com meses de antecedência, fez-me pensar: "É, acho que estou indo bem!" Ao mesmo tempo, porém, deixei minha saúde chegar a um ponto que me obrigava a uma visita semanal ao quiroprático, para reajustar a coluna. Percebi, então, que estava prisioneiro da minha "altitude de cruzeiro": tinha me acostumado a voar a determinada altura.Desde aquela época, não tenho visitado o quiroprático com tanta frequência; na verdade, foi meia dúzia de visitas em doze meses! Em *Acredite! Você Pode!*, quero contar que perdi 18 quilos e voltei aos níveis de energia de cinco anos atrás, sem gastar um centavo. E, com mais energia e uma silhueta mais esbelta, quero contar também do sucesso dos meus seminários.

Acredite! Você Pode! trata da volta ao básico e do foco no que você quer alcançar na vida. Trata da não aceitação do condicionamento imposto por outras pessoas e da crença nas próprias metas. Mais que qualquer outra coisa, *Acredite! Você Pode!* trata da renovação do entusiasmo e da realização dos sonhos.

Capítulo 1

ACREDITE EM VOCÊ

> QUANDO A MENTE CRIA E ACREDITA NO QUE CRIOU, VOCÊ CONSEGUE.
>
> **Napoleon Hill**

NESTE CAPÍTULO

▪ As suas crenças a seu respeito determinam o seu sucesso na vida ▪ O Campo dos Sonhos – se você acreditar, vai acontecer ▪ Como superei os reveses nos negócios ▪ O mundo reflete o que você pensa a seu respeito ▪ O Homem no Espelho – você jamais esquecerá ▪ Como a autoimagem pode ser amiga ou inimiga ▪ Como a atitude determina a altitude ▪ Abandonando os comentários mordazes ▪ Por que os "animadores" são pessoas com baixa autoestima ▪ Ser otimista dá trabalho ▪ A técnica empregada pelos esportistas para se manterem no topo ▪ O Credo dos Otimistas

Se você quer mesmo ir além nas suas conquistas, a primeira providência é melhorar a autoconfiança.

Na minha opinião, todos acreditamos em nós - uns mais, outros menos —, mas a extensão dessa confiança é o assunto deste livro. O principal motivo para você estar aqui é a opinião que tem de si. Talvez a ideia lhe pareça um tanto estranha, a princípio, mas venha comigo e vou explicar.

Tudo que você realizou até este momento foi avaliado e processado pela sua autoimagem — a opinião que faz de si. Da mesma maneira, as oportunidades perdidas foram processadas pela sua autoimagem e rejeitadas como boas demais para você!

Pode parecer loucura, mas é verdade. A sua autoimagem foi programada por você, para buscar realização e sucesso em um certo nível. Ela rejeita o que considera não ser "suficientemente bom", o que é ótimo; mas rejeita também situações e pessoas que poderiam elevar a sua vida a um patamar inteiramente novo nas áreas financeira, emocional, física e espiritual.

AUTOCONFIANÇA NÃO ACONTECE DA NOITE PARA O DIA

Seria ótimo se houvesse um modo mágico, instantâneo, de aumentar a crença que você tem em si, mas o fato é que a autoconfiança se constrói aos poucos, um passo de cada vez.

Há dez anos, quando me iniciei como palestrante profissional, aprendi a duras penas até que ponto os outros acreditavam ou não em mim. Descobri também que não confiava realmente na minha capacidade. Eu tinha um emprego fantástico: viajava pelo mundo inteiro, organizando roteiros que os australianos cumpririam dali a doze meses. Aquele trabalho fazia com que me sentisse um "homem do mundo". Sempre que ia embarcar em um 747 para onde quer que fosse, tinha a sensação de "borboletas no estômago", não por medo, mas por excitação! Mas, há dez anos, eu tinha acabado de completar 27 e sabia haver muito mais a conquistar.

Portanto, o salto para o negócio próprio foi decisivo. Foi bom ter começado naquela época, sem saber como seria difícil. Eu era jovem e inexperiente e explodia de entusiasmo, mas, se soubesse o que estava por vir, teria ficado no antigo emprego.

O CAMPO DOS SONHOS – ACREDITE E ACONTECERÁ

Depois de mais de dois anos de luta para fazer a empresa decolar e de uma conta cada vez mais alta para pagar, minha confiança foi se evaporando. As cobranças vinham de todos os lados – do banco, por causa das dívidas; da família, por achar que eu jogava dinheiro fora; e dos amigos, por acreditarem que eu havia perdido um empregão por nada. Com o gerente do banco, não tinha conversa: ele só queria saber de receber. Todas as vezes que eu dizia "falta pouco", a resposta era a mesma:

– Paul, você diz isso há dois anos...

Logo aprendi que a vida no mundo dos negócios não é um mar de rosas. É terrivelmente difícil, já que ninguém entende realmente o que você está sentindo. Mas as coisas ficaram ruins mesmo quando recebi um telefonema do gerente dizendo que eu tinha duas semanas para reduzir minha dívida em 10 mil dólares ou o banco iria "agir". Ele não engoliria mais histórias do tipo "falta pouco". Queria uma prova de que a empresa estava crescendo. Nas palavras de Cuba Gooding Jr no filme *Jerry McGuire*, ele queria que eu "mostrasse o dinheiro"!

Certa noite, resolvi ir ao cinema. Sentia-me acossado, não conseguia enxergar a saída para a enrascada em que me metera e achei que um filme talvez me animasse e motivasse. Por acaso, o cinema local exibia *O Campo dos Sonhos*, com Kevin Costner, que trata de acreditar em si, apesar da dúvida de todos os outros. Haveria ali algo com que me identificar?

No filme, Kevin Costner, que deseja acabar com um milharal para construir um campo de beisebol em memória do pai, tem o banco, o cunhado e praticamente todo mundo contra ele. Com isso, corre o risco de perder tudo, inclusive a fazenda da família. Toda noite, ele é despertado por uma voz que diz: "Se você construir, eles virão."

Saí do cinema chorando – não de tristeza, mas por ter percebido que, também na minha empresa, "se eu construísse, eles viriam." *O Campo dos Sonhos* mudou para sempre meu modo de ver os negócios e a mim mesmo. Tal como o personagem principal, eu via o banco, a família e os amigos começarem a duvidar do meu sucesso. O que descobri, ao assistir ao filme, foi que ninguém poderia acreditar tanto nos meus sonhos quanto eu, porque somente eu conseguia enxergar determinadas coisas.

Naquela noite, voltei para casa andando nas nuvens. O que pensei fosse uma enrascada era, na verdade, o começo do meu sucesso nos negócios. A situação difícil em que me encontrava nada tinha a ver com o banco, a família ou os amigos. Tinha a ver com a confiança nos meus sonhos e metas; tinha a ver com a confiança em mim.

O NEGÓCIO SE CONCRETIZA

Você lembra que o banco me deu um ultimato. Naquela época, eu tinha em Canberra um cliente em potencial, Bob, que me dava uma desculpa atrás da outra para não fecharmos negócio. E eu aceitava. Na verdade, ele queria perguntar por que *deveria* me contratar – e eu não conseguia dar uma resposta decente. Ele queria que eu o convencesse, com paixão, a empregar 15 mil dólares australianos no treinamento de seus empregados.

Depois de assistir a *O Campo dos Sonhos*, liguei para Bob e disse que precisava vê-lo com urgência. Voei para Canberra e falei sobre o filme. Ele ficou impressionado. Segundo disse, era exatamente do que precisava. Veria *O Campo dos Sonhos* no sábado seguinte, à noite. Antes de deixar seu escritório, perguntei:

– Se eu tiver uma boa proposta, podemos fazer negócio?

E continuei, dizendo que, se assinasse o cheque naquele momento, eu lhe daria um excelente desconto. Depois de pechinchar um pouco, ele fechou em 10 mil dólares. Voltei a Sydney naquela noite e na manhã seguinte depositei o cheque, para grande surpresa do gerente do banco.

Dá para acreditar? Depois de meses de marchas e contramarchas, finalmente comecei a acreditar na minha capacidade. E os negócios decolaram imediatamente. Aquele não foi um ponto decisivo apenas para mim; o gerente do banco viu que eu não era só conversa fiada. *Havia* clientes e *havia* negócios.

O MUNDO É O SEU REFLEXO

No domingo seguinte de manhã, Bob me telefonou para dizer que tinha gostado muito do filme e que estava ansioso pelos seminários que eu faria em sua organização. Como você pode perceber, assistir a *O Campo dos Sonhos* e fechar o negócio com Bob foram para mim experiências transformadoras. Depois daquele telefonema, pensei em como a vida poderia ser mais fácil se **eu mudasse minha visão do mundo, em vez de esperar que o mundo mudasse.**

Em *Você Pode!*, apresentei o poema que reproduzo a seguir. Eu o recebi de um participante de um seminário, há muitos anos. Foi tal a quantidade de leitores a me falar dele que resolvi repetir a dose. Ele está ligado a dois homens que estavam no corredor da morte em uma prisão da Califórnia. Depois das execuções, os guardas foram limpar a cela que os dois dividiram na noite anterior – sua última noite neste mundo. Para espanto dos guardas, o poema estava escrito na parede.

O HOMEM NO ESPELHO

Se teu sonho deixar de ser simples miragem
e rei por um dia o mundo te eleger,
analisa no espelho tua imagem
e ouve o que aquele homem vai dizer.

Pois, na vida, pai, amigo ou amante
não farão o julgamento reputado;
o indivíduo cujo veredicto é importante
é aquele que te observa do outro lado.

É esse Homem que deve estar jubiloso
pois até o fim ele estará contigo
e terás passado no teste mais doloroso
se, ao ver o homem do espelho, enxergares um amigo.

É fácil iludir o mundo com falsa doçura,
ser aquele a quem todos pedem um conselho,
mas a recompensa final é só amargura
para quem ilude o homem do espelho.

AUTOIMAGEM – AMIGA OU INIMIGA?

Maxwell Maltz, em seu surpreendente livro Psycho Cybernetics, publicado no Brasil com o título *Liberte Sua Personalidade*, provou que a autoimagem constrói ou destrói a vida do indivíduo. O modo como você se vê é o fator mais importante para determinar o modo como trata o mundo – o que, por sua vez, determina o que você atrai.

Quando escreveu o livro, Maltz era um renomado cirurgião plástico nos Estados Unidos. O que o levou a pesquisar a questão da autoimagem foi o feedback que recebeu de pacientes operados. Em muitas ocasiões, quando as bandagens eram retiradas, eles se decepcionavam, dizendo não perceber nenhuma diferença em sua aparência.

A reação de Maltz era sempre de perplexidade. Ele via com facilidade as mudanças ocorridas e sabia exatamente o trabalho estético – muitas vezes substancial – que havia feito. Mesmo após verem as fotos "antes/depois", muitos pacientes tinham a impressão de sair da cirurgia "inalterados". Maltz concluiu que, embora com a aparência física modificada, os insatisfeitos não tinham sido "operados por dentro", para alterar a maneira como se viam – a autoimagem.

A autoimagem pode ser uma amiga que impulsiona em direção a um sucesso incrível ou pode manter você no mais profundo desespero. Tudo se resume a como você se vê.

QUE OPINIÕES VOCÊ VEM REFORÇANDO A SEU RESPEITO?

Em *Você Pode!*, comparei a autoimagem ao piloto automático de um jato 747. Digamos que o piloto automático tenha recebido instruções para voar a uma altitude de cruzeiro de 10 mil metros. Ele faz isso. Se o radar detecta mau tempo adiante, o piloto tem duas opções: desligar o piloto automático e voar acima do mau tempo ou dar entrada em novas informações - 15 mil metros, por exemplo - e voar permanentemente a uma altitude maior.

Este é um dilema diário, em que o piloto automático é a sua autoimagem, e o mau tempo são as dificuldades da vida. Pela lógica, se você voar a uma altitude mais alta, não vai encontrar tanto tempo ruim como em altitudes mais baixas. Quando sob pressão, você pode "tomar os controles" e tentar voar mais alto por algum tempo ou reprogramar o piloto automático - a sua autoimagem - com novas informações, para se manter o tempo todo a uma altitude mais elevada.

Existe um antigo ditado que diz: **Se você continuar hoje a fazer o que sempre fez, amanhã só terá o que sempre teve**. Em outras palavras: se você não está feliz com o andamento das coisas e quer melhorar determinada área da vida, é razoável alterar o seu modo de pensar nessa área, para efetuar algum tipo de mudança. Se continuar a falar com você do mesmo jeito, o mais lógico é que aceite permanecer na mesma atual altitude de cruzeiro.

DE AGORA EM DIANTE, NADA DE COMENTÁRIOS IMPERTINENTES

Conheci Rick durante um seminário em Brisbane. Ele estava incrivelmente surpreso com o impacto que um toque pode representar na vida de alguém. Segundo ele, quase caiu da cadeira ao me ouvir dizer: **Indivíduos que vivem provocando os outros têm baixa autoestima.**

Rick me contou que, até então, se considerava uma pessoa positiva, do tipo que está sempre "agitando", em casa e no trabalho, causando risadas aqui e ali. O que ele não havia notado é que as risadas aconteciam às custas daqueles com quem convivia - colegas, mulher e filhos. Rick conseguiu entender por que as crianças não iam muito bem na escola: porque ele sempre as diminuía, criando uma atmosfera em que se sentiam incompetentes e prejudicando a autoestima delas.

EXPLICAÇÃO PARA A FALTA DE PROMOÇÕES

Rick não descobriu apenas que seus modos provocadores causavam problemas em casa; percebeu que sua baixa autoestima atrapalhava seu progresso no trabalho. Nos dois anos anteriores, ele fizera parte das listas de "promovíveis", mas na hora H outro ficava com o cargo. A explicação era sempre a mesma: falta de sorte.

Rick tinha consciência da própria capacidade profissional, e a falta de promoções já o estava deixando intrigado.

- Pelo menos agora eu sei por quê. Se assumir total responsabilidade pela minha vida, tanto em casa quanto no ambiente de trabalho, posso me concentrar em meu desempenho, em vez de tentar fazer graça à custa dos outros - ele disse.

UM ANIVERSÁRIO DE CASAMENTO EM QUE SINOS TOCARAM

A curva de aprendizagem de Rick não se encerrou no seminário. No fim de semana seguinte, ele foi convidado pelos pais, que faziam 30 anos de casados, para uma festa de comemoração. Durante toda a noite, Rick viu o pai fazer comentários impertinentes na intenção de ser engraçado. Ele mal podia acreditar. Tinha crescido naquele ambiente sem notar tal característica. E, pior, agia da mesma forma!

Rick chegou aborrecido ao fim da festa. Entrou no "modo acusação": culpou o pai pelo estado de coisas. O aborrecimento não durou mais de vinte e quatro horas - e então ele acordou. Entendeu que seu pai provavelmente herdara aquele comportamento do pai dele, que Rick lembrava como uma pessoa um tanto negativa. A partir daí, tornou-se muito mais consciente de seu hábito de diminuir as pessoas em tom de brincadeira.

Mas o melhor ainda estava por vir. Rick queria desesperadamente compartilhar com o pai sua descoberta - sem ferir seus sentimentos. Ele havia comprado a versão para áudio de *Você Pode!* e decidiu que a melhor maneira de preparar a mente do pai para receber a informação seria fazê-lo ouvir o programa. Então, elaborou um plano. Primeiro, convidou o pai para ir com ele e Jack, um amigo, jogar golfe no domingo seguinte, em um campo mantido em Gold Coast pelo próprio Jack. Rick sabia que o pai, um amante do golfe, não perderia a oportunidade por nada. Ele planejou rodar o programa no carro, a caminho do jogo. A fim de não deixar a estratégia óbvia demais, ajustou para começar um pouco antes do ponto em que eu falava dos "animadores".

No domingo, Rick pegou o pai em casa e, depois de alguns quilômetros, começou a rodar o programa. Para completa surpresa de Rick, seu pai permaneceu calado pelos vinte minutos seguintes, escutando atentamente cada palavra. Mais tarde, ele comentou com o filho sobre a surpresa que tivera e sobre o choque de perceber que talvez as pessoas não gostassem tanto de suas brincadeiras como imaginava - de fato, talvez ficassem sentidas! Rick disse que o pai agora está lendo *Você Pode!* e nunca foi tão vibrante e positivo.

TODO MUNDO QUER MUDAR

A história de Rick é poderosa porque ele não somente assumiu a responsabilidade de mudar a própria atitude, como não caiu no erro fácil de acusar o pai. Rick entendeu que, quando jovem, o pai não tivera acesso àquela informação - daí não perceber o mal que causava. Hoje, tem prazer em buscar saber mais sobre a questão.

QUANTOS "ANIMADORES" VOCÊ CONHECE?

Você conhece alguém que teria algo a aprender nesta área? Algum parente ou amigo seu vive fazendo comentários "engraçadinhos" a respeito dos outros?

Sem dúvida, todos os conhecidos meus que fazem isso têm uma opinião negativa de si. Carregam toda a fanfarronice do mundo, como se estivessem se divertindo muito, mas sob aquela capa de "alegria" frequentemente existe alguém que "chora" por dentro. Se melhorarem a autoestima, o hábito de fazer graça à custa dos outros vai desaparecer.

Se você conhece alguém que se encaixa nessa descrição, procure melhorar a autoestima dele. Faça comentários positivos acerca de seu desempenho. A recompensa vale a pena, pode crer!

O SEU COPO ESTÁ MEIO CHEIO OU MEIO VAZIO?

Você é otimista ou pessimista? Já ouvi dizer que os otimistas vivem no paraíso dos tolos, enxergam tudo em cor-de-rosa e pensam que a vida é um parque de diversões. Os pessimistas que têm essa opinião fazem questão de reclamar da vida. Mas sua atitude só alcança um resultado: deixar os outros deprimidos.

Ser otimista dá trabalho. É preciso muita autodisciplina para agir em meio à dificuldade. E qual é o requisito para a autodisciplina? Boa autoestima. Ser pessimista é muito mais fácil, por isso os indivíduos com baixa autoestima tomam o caminho menos trabalhoso. Eles sabem que, quando surgirem os desafios da vida, não serão solicitados a agir com autodisciplina.

VOCÊ CONSEGUE AQUILO EM QUE ACREDITA

É lugar-comum, mas é verdade. Os otimistas sabem que o segredo para estar bem é alimentar constantemente a autoimagem com informações positivas. Eles sabem também que seu mundo pode virar de cabeça para baixo se deixarem que informações negativas se infiltrem em sua conversa interior.

Veja quantos esportistas alcançam o sucesso em um torneio para, depois de um simples tropeço, deixar que sua conversa interior se torne negativa logo na semana seguinte. E aí? Nada. Eles caem para o fim da lista dos melhores no esporte em que foram campeões. Por quê?

Eu sei por quê. Porque, embora campeões – de tênis, golfe ou o que quer que seja – são *seres humanos* e agem como você e eu. Na verdade, de certo modo é mais difícil para uma estrela do esporte se recuperar, pois, além das críticas de sua conversa interior, têm de suportar as pressões da mídia. Cometer um erro no trabalho é bastante penoso, mas já imaginou acordar na manhã seguinte e ver o assunto na primeira página do jornal? Por isso tenho tanto respeito e admiração pelo pessoal do esporte. Como nós, eles sofrem reveses e, apesar do constante bombardeio da mídia, conseguem se recuperar e alcançar o sucesso.

Se você fizer uma análise, vai se surpreender ao ver como, no decorrer dos anos, palavras negativas penetram no seu vocabulário, sem que se dê conta. Quando você olha para um copo de água, por exemplo, diz que ele está meio cheio ou meio vazio? Parece bobagem, mas dá uma ideia da sua visão.

DIAS CHUVOSOS NÃO PRECISAM DEIXAR VOCÊ "PARA BAIXO"

Ted, um homem de negócios muito bem-sucedido, fez com que toda a sua equipe assistisse a um seminário meu que durou a metade do dia. Segundo ele, uma das mais fortes influências que recebeu foi da avó por parte de pai.

"Embora ela tenha morrido quando eu tinha 10 anos, ainda lembro que vivia dizendo que as coisas sempre se ajeitam."

Uma das lembranças de Ted era de um dia chuvoso, dur[illegible] as férias escolares. Enquanto todos, inclusive o apresenta[illegible] televisão, reclamavam do mau tempo, sua avó o levou a um passeio no Jardim Botânico da cidade e explicou a importância da chuva para a natureza.

"Aquela foi uma lição poderosíssima, que me marcou, apesar da pouca idade. Sempre me lembro dela quando a vida me impõe desafios. Ou quando chove!"

O CREDO DOS OTIMISTAS

Desde que *Você Pode!* foi lançado, recebi um surpreendente número de mensagens por fax, carta e telefone. Um leitor me enviou este texto sobre os otimistas. Você se identifica?

Prometo:

■ Ser forte, para que nada perturbe minha paz de espírito.

■ Falar de saúde, alegria e prosperidade a todos com quem me encontrar.

■ Fazer todos os meus amigos sentirem que possuem algo de bom.

■ Ver o lado bom das coisas e transformar o otimismo em realidade.

■ Pensar apenas no melhor, trabalhar apenas pelo melhor e esperar apenas o melhor.

■ Sentir tanto entusiasmo pelo sucesso alheio como sinto pelo meu.

■ Esquecer os erros do passado e buscar maiores realizações no futuro.

■ Ter sempre uma fisionomia alegre e dar um sorriso a todas as criaturas vivas pelas quais passar.

■ D... tanta atenção ao meu crescimento que não me sobre ...car os outros.

... demais para me aborrecer, nobre demais para sentir ...ais para ter medo e feliz demais para permitir a ...imento.

Capítulo 2

ESPERE O MELHOR

> Acredito que, quando você afirma se contentar com pouco, é o que recebe da vida.
>
> **John F. Kennedy**

NESTE CAPÍTULO

■ Por que a expectativa do melhor geralmente atrai o melhor ■ Deixe culpas e sofrimentos no passado ■ Não existe realizador nato ■ Conheça a conta bancária da autoestima ■ Concentre-se no que quer, e não no que não quer ■ Diferença entre raciocínio do tipo panorama pelo espelho retrovisor e raciocínio do tipo mãos no volante ■ O subconsciente não sabe o que é real ou não ■ Como determinar o seu nível de realização

Em minhas viagens para palestras pela Austrália, uma pergunta sempre surge: "Paul, você identifica alguma característica comum aos realizadores?"

Minha resposta é simples: as pessoas bem-sucedidas sempre esperam que lhes aconteça o melhor. Desenvolvem uma autoconfiança tão profunda e verdadeira que têm certeza da vitória, aconteça o que acontecer. São tão focadas no resultado positivo que pequenos contratempos não desviam sua atenção nem as aborrecem como às outras. Gente bem-sucedida nunca perde de vista sonhos e metas e está sempre na expectativa do melhor.

DEPENDE DE VOCÊ

Um dos primeiros passos na estrada que leva a **acreditar ser possível realizar sonhos e metas** é compreender que ninguém pode fazer isso em seu lugar. Você, somente você, ocupa o assento do piloto e pode fazer as mudanças necessárias à felicidade e ao sucesso futuros. Existem milhares de livros, fitas e seminários de que você pode lançar mão na sua caminhada, mas nada vai mudar, a menos que comece a esperar o melhor da vida. E não me refiro apenas aos relacionamentos pessoais e ao ambiente de trabalho. Falo do panorama geral. Tudo. Quando você espera exclusivamente resultados positivos, cria eventos em torno de si que realizam esses resultados. Da mesma maneira, quando espera da vida algo abaixo do melhor, cria um cenário "de segunda linha" e se coloca em situações que resultam somente em mediocridade.

Digamos que você esteja pensando assim: "Nem *todos* podem vencer na vida; alguém tem de perder." Minha pergunta, então, é: por que teria de ser você?

Não estou dizendo que saia por aí a pisar em todo mundo. O que quero dizer é: Por que você tem de aceitar da vida algo abaixo do melhor? Se existem pessoas que aceitam isso, problema delas. Mas você não investiu neste livro por estar feliz com a sua situação atual.

Você sabe que merece mais – e não há nada de errado nisso. Se, no passado, alguém lhe disse que é feio querer o melhor, livre-se dessa ideia agora!

Lembre que não se pode dar o que não se possui. Portanto, se você aumentar as suas expectativas e conseguir mais, vai poder oferecer amor, amizade e bens materiais em quantidade à família e aos amigos.

Você quer conquistar mais, e eu lhe dou os parabéns por isso. Então, é tempo de se concentrar em algumas técnicas e ferramentas muito poderosas que mudarão a sua vida para sempre.

O SEU MUNDO FOI CRIADO POR VOCÊ

Para mudar o seu futuro, a primeira e mais importante etapa é aceitar a responsabilidade pela sua situação atual. Isso é mesmo necessário, pois, se você acusar alguém pelo que acontece atualmente no seu mundo, vai ser muito difícil seguir adiante.

Foram as suas expectativas que atraíram pessoas e situações para a sua vida. Antes de mais nada, você precisa aceitar esse fato. Será que anda acusando algo ou alguém pelo que sente hoje? Um antigo amor que se foi, um chefe que determinou a sua demissão? Vou mostrar que você pode alcançar plenamente o seu potencial, se aceitar a responsabilidade pelas condições em que a sua vida se encontra. Depois – e somente depois – vá em frente.

NÃO EXISTE REALIZADOR NATO

Acredito que todos nascemos com uma dose saudável de autoestima. Consegue imaginar médicos e enfermeiras na sala de parto a discutir sobre qual bebê será estrela da TV ou varredor de rua, presidente da república ou vagabundo? A moral da história é: todos recebemos talentos e níveis de autoestima iguais. O que acontece *depois* do nascimento é que decide para que lado corremos.

Sempre me surpreendo com as incríveis diferenças entre aqueles que se dão bem na vida e aqueles que não vão assim tão bem. As pessoas que "não vão assim tão bem" são aquelas que têm todas as razões para ser bem-sucedidas, mas ficam sentadas esperando ganhar na loteria, para que tudo "esteja bem". Elas não percebem que já possuem todo o material necessário ao sucesso. Basta começarem a esperar mais de si mesmas.

A CONTA BANCÁRIA DA AUTOESTIMA

Brian me escreveu depois de ler sobre a conta bancária da autoestima em *Você Pode!*. Segundo me contou, passou anos se esforçando em todos os setores da vida, mas sempre faltava alguma coisa. Ao chegar ao fim da leitura do capítulo sobre autoestima, estava em choque e, ao mesmo tempo, encantado.

A conta bancária da autoestima funciona como uma conta bancária normal, com depósitos e retiradas. Quando você faz alguma coisa boa, o seu subconsciente deposita pontos na conta bancária da autoestima. Quando comete um erro, o seu subconsciente faz uma retirada na mesma conta. Simples assim.

Brian se lembrou de ter sido repreendido por dizer algo positivo a seu respeito na infância. Sua mãe, que cometeu suicídio quando ele tinha 12 anos, não permitia que palavras positivas fossem pronunciadas dentro de casa. Se ele ou a irmã comentassem, por exemplo, terem alcançado um bom resultado na escola, eram logo interrompidos e acusados de estarem "se gabando". Imagine o efeito que isso teve sobre a autoestima de Brian. Ele mal podia acreditar, mas o que mais o surpreendeu foi constatar que, embora soubesse que seus problemas tinham algo a ver com a infância, não havia identificado aquele fato específico.

Resultados interessantes aconteceram depois que Brian se concentrou em melhorar sua conta bancária da autoestima - aos 43 anos de idade. Ele não mais permitiu que sua infância o dominasse. Aconteceu, e pronto. Havia buscado a ajuda de muitos consultores, e cada um apresentava uma explicação para seus problemas. No entanto, uma ideia simples e básica como a conta bancária da autoestima finalmente lhe fornecera um panorama mental do que se passava em sua cabeça, toda vez que se acusava de haver cometido um erro.

COMECE A FOCAR O QUE VOCÊ QUER SER

Apesar da discórdia causada pelas diferenças religiosas em todos os cantos do mundo, é incrível como as religiões têm muito em comum. O principal traço encontrado em todas elas são orações, cantos e mantras. Mas não pense que vou bancar o sabido e começar a citar a Bíblia. Reflita por um momento: por que passam os anos, e as crenças básicas continuam as mesmas? Porque, como seres humanos, somos feitos para avançar sempre – neste caso, não tanto fisicamente, mas mentalmente. Orações, cantos e mantras incentivam a pessoa a olhar para a frente e ter fé, para a vida melhorar. O interessante é que todas as grandes religiões nos pedem para fechar os olhos e pensar no que queremos, e não no que está errado em nossa vida.

Você se torna aquilo em que mais pensa. Daí o maior engano cometido por muitos, em relação a saúde, riqueza e felicidade. Estes pensam que, se desejarem a interrupção de fatos negativos em sua vida, vão conseguir. Nada poderia ser menos verdadeiro. Se você focar o que não quer que aconteça, vai acabar fazendo acontecer.

NÓS CAMINHAMOS NA DIREÇÃO DAQUILO EM QUE MAIS PENSAMOS.

NÓS NOS TORNAMOS AQUILO EM QUE MAIS PENSAMOS.

RACIOCÍNIO DO TIPO PANORAMA PELO ESPELHO RETROVISOR E RACIOCÍNIO DO TIPO MÃOS NO VOLANTE

É realmente muito simples. Se você dirige sem tirar os olhos do espelho retrovisor, é improvável que chegue ao destino sem avarias

– vai batendo em todos os obstáculos, acusando-os de se meterem no seu caminho e atrasarem a sua viagem ou, o que é pior, impedirem completamente a sua passagem. A outra opção é segurar o volante, evitar os obstáculos e chegar ao destino.

Na vida, é a mesma coisa. Olhe para trás com pesar e estará se programando para outros reveses. Assuma os controles e chegará aonde quer.

Um modo de assumir o controle é mudar o seu modo de falar – consigo e com os outros. Em vez de fazer comentários negativos do tipo "panorama pelo espelho retrovisor", use expressões positivas do tipo "mãos no volante". Quanto mais comentários positivos você faz, mais cria um mundo de positividade. De certa maneira, você "finge" que os resultados positivos já aconteceram.

Pense nos simuladores de voo onde os pilotos praticam durante meses e meses na base aérea, antes de decolarem rumo a um aeroporto desconhecido em outro país. No simulador, eles veem o aeroporto, sentem os solavancos e percebem as características do local, como se estivessem realmente com 350 passageiros a bordo. O treinamento é levado a sério, e tudo é tratado como se fosse verdade. Por quê? Porque todos na indústria aeronáutica conhecem o poder do ensaio mental e da visualização criativa.

A seguir, exponho alguns comentários do tipo "panorama pelo espelho retrovisor", com os quais você talvez se identifique. Ao lado, aparecem comentários do tipo "mãos no volante", pelos quais você pode substituir os primeiros. Repare que os comentários do tipo "mãos no volante" estão na primeira pessoa, no presente do indicativo. Assim fica mais fácil para você se programar com as novas informações como *se já tivessem acontecido.*

Lembre que o subconsciente não percebe a diferença entre um evento real e outro imaginário. Portanto, é de vital importância que você "finja" que a mudança já aconteceu.

PANORAMA PELO ESPELHO RETROVISOR	
Relacionamentos	▪ Nunca mais vou confiar em ninguém. ▪ Ninguém me entende. ▪ Não quero ficar só.
Ambiente de trabalho	▪ Detesto este trabalho. Não suporto ele. ▪ Todo mundo aqui é negativo. ▪ Aqui, ninguém gosta de mim.
Filhos e família	▪ Você vai se dar mal, se continuar assim. ▪ Que roupa horrorosa! ▪ O seu quarto está um chiqueiro.
Saúde e bem-estar	▪ Gostaria de me livrar desta flacidez. ▪ Vivo com falta de ar. ▪ Só tenho tempo para lanches rápidos. ▪ Eu estou sempre com pressa. ▪ Vivo doente. ▪ Minhas costas estão me matando. ▪ Não aguento mais sentir dor de cabeça.
Aparência	▪ Detesto o seu jeito. ▪ Meu bumbum é grande demais. ▪ Meu peito é horrível. ▪ Gostaria de ser mais clara/morena.
Vida escolar	▪ Detesto a escola. É chata. ▪ Este curso não serve para nada. ▪ Nunca fui bom em XXX.

MÃOS NO VOLANTE	
Relacionamentos	▪ Tenho um ótimo relacionamento. ▪ Comunico claramente minhas necessidades. • Fico muito bem em minha companhia.
Ambiente de trabalho	▪ Tenho uma carreira promissora. ▪ Sou uma inspiração positiva. ▪ Todos respeitam minha ética profissional.
Filhos e família	▪ Você é melhor do que isso, Mark. ▪ Ei, Karen, cadê aquele vestido azul tão sensual que você comprou naquela loja? ▪ Matthew, que tal limpar o seu quarto?

MÃOS NO VOLANTE	
Saúde e bem-estar	▪ Minha saúde está melhor a cada dia. ▪ Estou mais leve e meu condicionamento físico melhora. ▪ Só consumo alimentos saudáveis e energéticos. ▪ Como bem e vivo bem. ▪ As caminhadas me dão flexibilidade. ▪ A cada dia consigo mais relaxamento.
Aparência	▪ Irradio saúde e felicidade. ▪ Meu corpo está ficando mais esbelto. ▪ Gosto da aparência do meu corpo. ▪ Minha pele reflete o meu estilo de vida saudável.
Vida escolar	▪ Estou melhor nos estudos a cada dia. ▪ Este curso é muito útil. ▪ Cada vez gosto mais de XXX.

NÍVEL DE REALIZAÇÃO

Depois de decidir se tornar uma pessoa bem-sucedida e trabalhar para isso, preste atenção a qualquer sinal de complacência. Se alcançar um certo nível de sucesso e se sentar sobre os louros da vitória, você vai parar por aí. Centenas de pessoas me ouviram falar sobre isso, e muitas perceberam que haviam estacionado depois do primeiro sucesso. Algumas conseguiram a promoção tão desejada e perderam a motivação. Outras se saíram bem nas provas esportivas classificatórias, mas perderam a competição principal.

Você já viu em ação Emma George, a campeã australiana de salto com vara? É incrível como uma atleta de nível se esforça para alcançar novas alturas – literalmente. Ela parece quebrar um recorde mundial a cada semana, elevando sempre o seu nível de expectativa.

Não é novidade para ninguém que os atletas devem dedicar horas e horas de esforço pessoal para alcançar o sucesso. Mas o que talvez você desconheça é que, antes de mais nada, existe um elemento indispensável: a certeza de que podem quebrar um recorde ou melhorar o desempenho.

Isso também vale para você. Questione-se. Você acredita na possibilidade de atingir as suas metas? Cada um determina a altura da própria barra. Tudo o que você alcançou até aqui foi justificado pela sua autoimagem. Muita gente pensa que avaliamos os eventos depois que ocorrem, dizendo coisas do tipo "Eu sabia que não ia conseguir." Mas a verdade é que, assim como a saltadora de vara sabe se vai conseguir ou não, você também sabe antes se vai ter sucesso. Você tem uma conversa interior antes do acontecimento, quando se pergunta se é capaz de enfrentar o desafio. Com base na sua avaliação, você consegue ou não. É aí que entra o *"Eu sabia que não ia conseguir."*

Você instala, e prende bem, a barra de realização da sua vida. É preciso coragem e dedicação para ir levantando a barra. Lembre sempre este ponto importante: **primeiro, você acredita; depois, consegue.**

METAS DE VENDAS SÃO MINHA "BARRA"

Damian é consultor de financiamento da Aussie Home Loans, em Sydney. Depois de assistir a um dos meus seminários com duração de meio dia, Damian me contou que a empresa onde trabalha exige que seu pessoal atinja uma certa meta mensal de vendas, que ele sempre recebeu do gerente e aceitou sem questionar. Depois da palestra, ele percebeu que sua meta de vendas – sua "barra" pessoal – era baixa, e não havia razão para que deixasse de acrescentar a ela 10% (ou talvez 20) e alcançar.

Damian era como a maioria dos vendedores: aceitava como "barra" as metas mensais e procurava cumprir. Mas, conforme então percebeu, não ninguém precisa aceitar as limitações impostas pelo chefe ou pela empresa. Entenda que as metas são estipuladas para tornar os negócios lucrativos, porém nenhuma organização possui regras que impeçam os funcionários de "reajustar para cima a barra de realização".

MINHA "BARRA" ESTAVA CADA VEZ MAIS BAIXA

Janine, mãe em tempo integral de duas crianças pequenas, escreveu contando sobre um recente acontecimento em sua vida. Tendo comparecido a uma reunião, a convite de uma antiga colega de escola, ela ficou um pouco mais, conversando e tomando chá com duas mulheres que iriam cuidar da arrumação. Na véspera, as duas tinham assistido a um dos meus seminários, e Janine ficou impressionada com os comentários, em especial quanto à "barra" de realização pessoal. A conversa girou em torno de como as pessoas se casam em meio a todo o entusiasmo do mundo, mas depois de alguns anos a paixão começa a diminuir.

Janine escreveu em sua carta: "Eu me identifiquei com o que elas disseram, pois reparei que, ao cuidar das crianças o tempo todo, fui deixando minha "barra" pessoal escorregar. Depois que tive o primeiro filho, ainda visitava a academia duas vezes por semana e fiz amizade com outras mães de primeira viagem. Mas, com a chegada do segundo, passei a usar a falta de tempo como desculpa para não ir à academia. Agora, retomei os exercícios duas vezes por semana e prometi a mim mesma voltar à antiga forma. Também estou analisando outros aspectos da minha vida, para ver onde mais estacionei. A que mais acabei me acostumando?"

É VOCÊ QUEM DECIDE A ALTURA DA BARRA

Em que área da vida a sua barra de realização está baixa demais? Será que, como Damian, você deixou que os outros decidissem a altura da sua barra? Ou, como Janine, simplesmente perdeu o foco e deixou a barra escorregar? Dê uma boa olhada nos setores em que se sente infeliz. Talvez a resposta esteja em levantar a barra de realização pessoal.

Capítulo 3

A RESPONSABILIDADE COMEÇA AQUI

> Todo o homem sonha, mas nem todos os homens sonham igual. Existem os que sonham à noite, buscando os recantos escuros da mente, para acordar de manhã e ver que foi tudo em vão.
>
> Verdadeiramente corajosos, porém, são os que sonham durante o dia, de olhos bem abertos, pois podem tornar seus sonhos em realidade.
>
> **T. E. Lawrence**

NESTE CAPÍTULO

▪ Diferença entre "responsabilidade verdadeira" e "responsabilidade seletiva" ▪ Como o nível de responsabilidade determina a sua recuperação ▪ Por que expor os seus problemas pode ser um fator de limitação ▪ O que você deve interromper agora? ▪ A história de Sonja – como se impor quando as coisas não estão a contento ▪ A história de Kevin – como a autossabotagem pode ser o seu pior inimigo ▪ A história de David – como ele mudou a atitude da família ▪ Chega de desculpas – você está no comando da sua vida!

Durante uma recente viagem de avião, eu folheava uma revista de negócios australiana, quando vi um anúncio de uma importante organização financeira. A frase saltou da página em direção a mim:

Se você não ganhar na loteria, o que vai fazer?!

A meu ver, aquela era uma ótima provocação, em especial porque me remetia à atitude de muitas pessoas em relação à vida e ao futuro. Existem as que acreditam que, um dia, a fada madrinha vai tocá-las com a varinha mágica, e os seus problemas – financeiros e todos os outros – estarão resolvidos. Mas, como todos sabemos, não existe fada madrinha. As chances de um ser mágico tocar você em algum momento da vida são mais ou menos as mesmas de acertar na loteria.

VOCÊ VAI ASSUMIR RESPONSABILIDADE "SELETIVA" OU RESPONSABILIDADE "VERDADEIRA"?

Quando você assume verdadeira responsabilidade pela sua vida, aceita responsabilidade total, e não apenas o que chamo de responsabilidade seletiva – receber os louros da vitória e culpar os outros pelos reveses; admitir que está no assento do piloto somente quando tudo vai bem na escola, no trabalho ou em casa. Mas nós sabemos que a vida não funciona assim. A vida nem sempre obedece à nossa programação e, quando você atrai o que chama de "dificuldade", é que a verdadeira responsabilidade é posta à prova.

ASSUMA A VERDADEIRA RESPONSABILIDADE E DEIXE O PASSADO PARA TRÁS

Se eu aprendi alguma coisa na vida, é o seguinte: neste planeta, todo mundo foi, está sendo ou vai ser testado. Vou explicar. Todo indivíduo enfrenta obstáculos e problemas a cada dia – uns mais, outros menos, por motivos que fogem à nossa compreensão, mas os desafios existem. Se você pretende lidar bem com essas "dificuldades", precisa assumir "responsabilidade verdadeira" – o que requer muita coragem e muita força de vontade. É fácil se lamentar e mergulhar na autopiedade, mas, ao assumir **"responsabilidade verdadeira" pelo que acontece na sua vida, você pode prosseguir com senso de controle**, sabendo que ocupa o assento do piloto. Quando você se apega ao passado, desperta piedade. Os outros tratam você como vítima. De certa maneira, eles não aguentam reviver os dramas do passado.

Vivi esse fenômeno nos primeiros tempos da minha vida profissional. Quando as coisas iam mal, e eu comentava isso com os outros, eles sempre me perguntavam sobre os negócios em um tom de voz que dizia: "Perdedor! Quando vai acordar e desistir?" Então, mudei de conduta: passei a "alimentá-los" com informações positivas. Foi incrível a mudança que se operou em sua atitude.

A transformação em minha maneira de pensar ocorreu durante a visita a uma livraria, nem lembro qual. Só sei que lá encontrei a seguinte frase:

NÃO COMENTE O SEU PROBLEMA, EXCETO COM QUEM ESTIVER DIRETAMENTE LIGADO À SOLUÇÃO.

Uau! Aquelas palavras me abalaram. Percebi que vinha falando das minhas dificuldades nos negócios com quem quisesse ouvir na esperança de receber mensagens de incentivo.

O bom conselho atingiu o alvo naquela noite, em um jantar com amigos e parentes. Saboreávamos a entrada, quando meu telefone celular tocou. Normalmente, desligo o aparelho durante as refeições, mas esperava o telefonema de um cliente, para fechar um grande contrato.

A ligação era mesmo do tal cliente, mas as notícias não eram as que eu esperava ouvir. Ele me disse que ainda não estava pronto para um "sim".

Estou acostumado a lidar com esse tipo de situação e, como todo vendedor, aprendi a aceitar e suportar os golpes. Naquela vez, porém, foi diferente. Todos na mesa ouviram a conversa e perceberam que eu não havia conseguido o contrato. Claro que já tive muitos insucessos, mas, hoje, como não saio por aí contando para todo mundo, as pessoas não costumam comentá-los. Procuro me concentrar no que pretendo alcançar e é disso que falo nas minhas conversas com parentes ou amigos. Mas os que estavam no restaurante naquela noite levaram alguns meses para esquecer: era comum o assunto vir à tona quando nos encontrávamos.

"Não comente o seu problema, exceto com quem estiver diretamente ligado à solução" é um dos conselhos mais poderosos que já recebi. Por que você não toma a decisão, de agora em diante, de assumir responsabilidade verdadeira, deixando para trás os traumas do passado e substituindo-os pela visão do que deseja alcançar?

QUEM CALA CONSENTE

Wendy Matthews, um dos maiores vendedores de discos da Austrália, tem uma frase interessante em uma de suas canções, Friday's Child: "Se quem cala consente..." Essas palavras sempre me tocam. A meu ver, em muitas áreas da vida, deixamos de falar e aceitamos coisas que não deveríamos aceitar. Assim, permitimos que a situação indesejada continue. Isso é não assumir responsabilidade verdadeira pela própria felicidade, segurança ou o que quer que esteja em jogo.

A HISTÓRIA DE SONJA

Sonja se convenceu disso durante um seminário para os funcionários de uma revendedora de veículos. Mais tarde, ela contou que ficou meio aborrecida quando me ouviu falar de responsabilidade verdadeira. Afinal, sempre se julgou verdadeiramente responsável pelos próprios atos em todas as áreas da vida. No entanto, no intervalo da manhã, viu que não era bem assim.

Um dos colegas de Sonja sempre comentava os erros cometidos no departamento em que trabalhavam. Em 99,9% dos casos, as situações a envolviam, fazendo-a parecer uma rematada incompetente. Aquilo a aborrecia, mas preferia se calar, acreditando que ninguém daria importância. Naquele momento, ela percebeu que, ao se omitir, tolerando tal comportamento, estava de fato desculpando-o – e permitindo que continuasse.

Em uma mensagem enviada por fax alguns dias depois do seminário – ao qual o colega também assistira –, Sonja me contou que havia conversado com ele e colocado as cartas na mesa. Disse exatamente o que a aborrecia e como se sentia. Deixou bem claro que esperava a interrupção imediata do comportamento. Para sua surpresa, o colega disse não imaginar que a aborrecia tanto e acrescentou que também tinha aprendido muito no seminário. Ele jamais poderia imaginar que, com suas histórias, estivesse prejudicando a autoestima de Sonja e diminuindo a força de seu departamento ao "lavar roupa suja" em público.

Em uma visita que fiz à revendedora, cerca de duas semanas mais tarde, encontrei Sonja. Ela parecia outra pessoa. Quando perguntei como iam as coisas no trabalho, contou que a conversa relatada no fax fora apenas a ponta do iceberg. Depois que a situação melhorou, ela descobriu outras áreas em que permitia aos outros dirigirem sua vida – áreas em que precisava assumir responsabilidade verdadeira.

Sonja disse que concluiu o seguinte: desde os tempos de escola, evitava o confronto. Frequentemente, chegava em casa aborrecida por ter sido vítima de intimidação ou implicância. Na manhã seguinte, sua mãe ia à escola pedir providências à diretora, assumindo o controle da situação. Com isso, ela não aprendeu a lidar com o confronto – que faz parte da vida, quer fiquemos ou não satisfeitos com isso. Sonja disse que, aos 36 anos, esperava que o patrão resolvesse seus problemas no trabalho, assim como a mãe fazia quando ela era criança. Daí seu descontentamento com ele.

Hoje, Sonja percebe como abriu mão e transferiu, em especial para seus superiores (chefe, pai ou mãe), o que seria sua responsabilidade. Há pouco tempo, ela participou de um curso para resolução de conflitos que lhe foi de grande ajuda, tanto na vida pessoal como profissional. Veja seu depoimento: "Agora não espero mais que alguém me defenda – eu mesma faço isso. E, se houver um confronto, adoto uma abordagem firme, mas calma, de modo que a outra pessoa perceba que não será maltratada."

E quer saber? As pessoas agora respondem a Sonja de um modo muito mais respeitoso. Elas a respeitam porque sentem nela respeito próprio suficiente para saber se defender.

Qual é o setor em que você se contenta com um resultado "mais ou menos"? Em que situações deveria dizer o que pensa e mostrar que espera um tratamento melhor? Lembre que, se você estabelece regras, os outros obedecem.

POR QUE SEMPRE ESTRAGO TUDO NO TRABALHO?

A história de Kevin, um vendedor de uma financeira, tem pontos em comum com a de Sonja. Embora ele fosse um excelente vendedor – e soubesse disso –, só ficava nos empregos por poucos meses. As trocas eram tão frequentes que os amigos perguntavam em tom de brincadeira: "Onde você está trabalhando esta semana?"

Kevin se sentia incomodado pelas constantes mudanças – até um determinado dia. Em seu atual emprego, bem como nos anteriores, sua atitude-padrão era ignorar os problemas que surgissem na esperança de que desaparecessem por si. Em uma ocasião, uma cliente telefonou ao chefe de Kevin, para reclamar de seu "excesso de familiaridade". Segundo ela, o vendedor estava "amiguinho" demais, quando deveria ser mais profissional. Como não era a primeira vez que alguém fazia esse tipo de reclamação a respeito de Kevin, ele foi chamado para uma conversa.

Quando o chefe se referiu à necessidade de mudança de comportamento, Kevin perdeu as estribeiras: levantou-se e disse que era um dos vendedores de maior produtividade; se a companhia não estivesse satisfeita com seu trabalho, que o demitisse. O chefe percebeu que Kevin repetia a mesma atitude: em vez de lidar com a situação e aprender, ele se demitia, sem assumir responsabilidade verdadeira pelo que havia acontecido.

Aquele chefe decidiu não fazer o jogo de Kevin. Dizendo "Se sente!", fechou a porta e falou seriamente. Segundo ele, um funcionário deve trabalhar para ser o número 1, em vez de se conformar em estar simplesmente entre os vinte melhores. E Kevin poderia ser um dos cinco melhores em um período de seis meses, desde que aparasse algumas arestas.

Kevin ficou mudo. O mundo dos negócios pode ser muito cruel e, sempre que Kevin ameaçava se demitir, recebia um aperto de mão, um "muito obrigado" e tinha sua demissão aceita no ato. Ao olhar para trás, ele conseguia identificar pelo menos vinte contas que perdera por excesso de familiaridade com o cliente. Percebeu também que a causa desse problema estava em duvidar da própria capacidade, pois achava que sua argumentação seria rejeitada. Em vez de melhorar a autoestima e a autoconfiança, para resolver o problema, ele fugia.

Kevin tinha acabado de ler *Você Pode!* e disse que o capítulo 10, "O Professor Chega Quando o Aluno Está Pronto", foi para ele uma sacudidela poderosa. Ele conseguiu perceber claramente como, ao não assumir responsabilidade verdadeira por seu desempenho em todas as áreas, estava de fato pedindo ao "professor" uma nova aula até acertar – ou seja, até aprender a lição que era ensinada.

Na sua vida, em que área você recebe constantemente a visita do "professor"? Em outras palavras: em que área você enfrenta dificuldades constantes? E como poderia assumir responsabilidade verdadeira, para melhorar a situação?

ESTOU PERDENDO A FAMÍLIA E OS AMIGOS

Você já ouviu dizer que "o topo é solitário"? David é irmão do diretor administrativo de uma corporação que me contratou para algumas palestras. Ele assistiu a uma delas e, mais tarde, me contou um acontecimento que servira para ensiná- -lo, de maneira poderosa, como a fuga à responsabilidade pode causar verdadeira devastação.

Pelo que lembrava, David sempre trabalhara com a reforma de casas. Ele adorava renovar e sonhava um dia possuir sua empresa de consultoria em projetos. Os parentes não se preocupavam, pois sabiam que ele seria bom no que resolvesse fazer. David sempre teve certeza de que podia contar com a família.

Isso até alcançar o sucesso.

David disse que, depois de cinco anos de sacrifício, montou sua empresa de projetos e começou a aproveitar a vida – com exceção de uma área. Quando perguntei que área era essa, sua resposta foi:

– Minha família. À medida que o meu sucesso aumenta, minha família vai ficando distante de mim e indiferente.

E continuou:

– Não achei que eu tivesse mudado muito, mas reparei que meus parentes pareciam mais negativos a cada vez que me encontrava com eles. Perdi a vontade de visitá-los, pois nossas reuniões sempre acabavam em discussão.

David passou meses tentando descobrir o que poderia ter feito para provocar tal comportamento na família. A "ficha caiu" durante um voo entre Sydney e Perth. Como a viagem tem uma duração razoável, sobrou tempo para ele pensar sem interrupções. E concluiu que seus parentes podiam se sentir ameaçados por seu sucesso. Eles viam os sinais do sucesso de David – casa nova e carros vistosos – e os comparavam à própria falta de realização.

A primeira coisa que David fez, ao retornar a Sydney, foi procurar os parentes e perguntar a cada um deles como se sentia em relação a ele. Depois de comentários iniciais do tipo "Você sabe como estamos felizes com o seu sucesso", os parentes começaram a se abrir e disseram ter a impressão de o estarem perdendo. Como não podiam manter um estilo de vida equivalente ao de David, pensaram que, para ele, a família havia perdido a importância.

David ficou chocado. Como podiam pensar assim? Ele jamais dissera qualquer coisa que os levasse a tal conclusão. Depois de um pouco mais de reflexão, entendeu que, para assumir responsabilidade verdadeira pelo próprio sucesso, deveria trazer o assunto à tona, antes que envenenasse o relacionamento. Sabia que, se deixasse a situação como estava e continuasse a participar de eventos de família - Natal e Páscoa, por exemplo - como se tudo estivesse bem, nunca seria inteiramente feliz. Todo o sucesso alcançado representaria perda de tempo, se ele não tivesse apoio e amor da família.

O que mais surpreendeu David foi o fato de seus parentes terem bons empregos e estarem bem de vida. Ele pensava que todos estivessem satisfeitos. Ao pesquisar melhor, porém, viu que não era bem assim. O casamento de 15 anos de seu irmão, Dan, não ia bem, e Dan acreditava que David não se interessaria em ouvi-lo contar seus problemas. Jill, sua irmã, há sete anos tentava engravidar e sofria com dúvida e frustração, acabando por abalar o casamento. David conseguiu convencer Dan, Jill e o restante da família de que gostava deles como sempre e que eram parte importante de sua vida.

Ele encerrou o relato dizendo: "Embora meu sucesso seja fantástico e minha empresa vá de vento em popa, estou muito mais em paz comigo, agora que esclareci a questão com a minha família."

O que ele fez foi assumir responsabilidade verdadeira por sua vida, trazendo os problemas para a superfície e enfrentando-os.

CHEGA DE DESCULPAS - NA MINHA VIDA, QUEM OCUPA O ASSENTO DO PILOTO SOU EU

Como se pode ver, pelas histórias de Sonja e David, é preciso coragem para falar, quando as coisas não vão bem. Às vezes, como no caso de David, o sucesso acarreta novos desafios, que servem de preparação para o que está por vir. A história de Kevin também é inspiradora, pois demonstra como é fácil se fechar em uma "altitude de cruzeiro" e fugir quando as coisas se complicam. Como a vida está razoável e você não quer se aborrecer, segue correndo – mas os problemas vão atrás.

Responsabilidade verdadeira pela vida e por seus desafios é uma atitude que garante um senso de controle, a sensação de estar aprendendo e crescendo com os problemas. Ao contrário, quando você assume responsabilidade seletiva, abre-se para uma vida de imprevisibilidade e sofrimento, pois os eventos que contribuiriam para o seu crescimento são ignorados.

Em que aspectos da vida você não está "no assento do piloto"? Onde não está "assumindo os controles" para resolver desafios, deixando assim que os problemas se acumulem e causem sofrimento?

Pare agora, procure identificar pelo menos três áreas problemáticas e decida que tem e é capaz de pôr em prática as soluções.

E, acima de tudo, lembre que a responsabilidade começa aqui!

Capítulo 4

RISCO E MEDO – É PRECISO DISPOSIÇÃO

> NÃO SE ATRAVESSA UM PRECIPÍCIO COM DOIS PULINHOS.
>
> **Anônimo**

NESTE CAPÍTULO

■ A sua autoestima determina a visão do risco ■ Como a alteração da "altitude de cruzeiro" minimiza o risco ■ A história de Steven – o homem que cresceu depois do divórcio ■ Como a mesma família criou um indivíduo disposto a assumir riscos e outro a evitá-los ■ A história de John Symond – como se recuperou e fundou a Aussie Home Loans a, colega!” Parece comum, não? Mas é um bom conselho. Você não pode esperar conseguir algo de substancial na vida, se não tiver disposição de assumir riscos. São pouquíssimas as pessoas be... das, em qualquer campo, que não tenham se arriscado. Certa vez, li que o nível de sucesso é proporcional ao risco assumido.

Quanto de risco você permite na sua vida? Até que ponto adota um estilo de vida “seguro”? Em que aspectos a sua vida se enriqueceria, se você fosse um pouco mais longe?

RISCO E AUTOESTIMA

É inegável a ligação entre autoestima e risco. **Ninguém assume um risco calculado, se não acreditar ser possível se sair bem.** Em outras palavras: você tem de acreditar em si antes de arriscar. A sua autoconfiança afeta em muito a sua visão do que lhe acontece.

A melhor maneira de compreender o risco é reduzi-lo a um nível básico. Você já viu um Papai Noel de shopping center? Já viu alguma criança de 2 anos chorando a plenos pulmões, enquanto a mãe tenta sentá-la no colo do Papai Noel? Depois que cresce, você sabe que é bobagem, que ele está ali para trazer presentes e coisas boas. No entanto, a criança, que não entende o conceito, dá uma olhada e começa a chorar. O que acontece dali a doze meses? Com um pouco mais de maturidade (e depois de assistir a muitos anúncios na televisão!), ela passa a considerar o Papai Noel um velhinho bom e gentil, de roupa vermelha, pronto a lhe dar presentes, se ela pedir com jeitinho.

Todos temos medo de algum Papai Noel. Nossa altitude de cruzeiro (veja o capítulo 1) pode nos afastar de posições ou relacionamentos bem-sucedidos, que enriqueceriam nossa vida.

A moral da história é: todo dia, recebemos oportunidades que rejeitamos, por causa do nosso condicionamento. Preferimos manter a altitude de cruzeiro. Com isso, porém, recusamos a oportunidade de crescer.

ALTERANDO A ALTITUDE DE CRUZEIRO

Você tem duas opções, a fim de se preparar para a alteração: assumir o risco e se atirar ao desafio "assustador" ou promover uma mudança gradual. Esta última é a opção preferida, pois envolve um mínimo de desconforto e tensão.

COM MEDO AOS 40

Steve é um homem de 40 anos que sempre jogou futebol. Ele se considerava forte, em comparação à maioria dos homens de sua idade. Mas sua história é semelhante a muitas outras que conheço.

Quando conheci Steve, em casa de um amigo comum, ele estava na fase final de um divórcio amigável. Segundo ele, não houvera maiores traumas na separação; o casal simplesmente "se desfez". Depois de cerca de um ano, voltamos a nos encontrar no mesmo lugar, durante um churrasco para comemorar o 40º aniversário do nosso amigo. Em conversa, ele me contou das dificuldades que enfrentara a partir do divórcio. Pelo aspecto legal, não tinha havido problemas, já que ele e a mulher concordaram sobre a partilha dos bens. A parte mais dolorosa e frustrante fora aprender a caminhar com os próprios pés.

Segundo Steve, apenas quando se viu só novamente, ele percebeu que tinha "vivido em sua zona de conforto", mantendo a "altitude de cruzeiro". Tudo passou a representar dificuldade – ir a um restaurante ou cinema, por exemplo. Por mais de dez anos, Steve contara com a "segurança" da mulher ao lado. Sem ela, as tarefas mais simples se complicavam. Para ele, "correr riscos" significava ter coragem de assumir uma tarefa dificílima ou praticar bungee jump ou rafting. Não imaginava que pudesse haver "risco" envolvido nos eventos do dia a dia, como fazer compras no supermercado.

Como Steve, todos voamos a uma determinada altitude. Às vezes, é preciso a força de um problema para nos mostrar como estacionamos na vida, deixando que a complacência tomasse conta. Qual foi a última vez que você foi sem companhia a um restaurante, à praia ou ao cinema? Experimente fazer isso nesta semana e talvez se surpreenda com o que vier a descobrir!

UMA SÓ FAMÍLIA, ALTITUDES (E ATITUDES!) DIFERENTES

Kenneth e seu irmão mais velho, Jim, cresceram no mesmo ambiente. Filhos dos mesmos pais, os dois compartilhavam praticamente tudo. Assistiam aos mesmos programas de televisão, iam quase sempre juntos ao cinema e passavam as férias também juntos. No entanto, Kenneth é hoje um bem-sucedido pequeno empresário, enquanto Jim trabalha há quinze anos no mesmo emprego, com um salário medíocre.

A principal diferença entre a vida de um e a vida do outro é o risco. Cedo, Kenneth decidiu que desejava tentar; um dia, queria trabalhar por conta própria. Primeiro, conseguiu um emprego de meio expediente na loja de ferragens local, durante as férias. Trabalhar no período de férias foi um "risco" para Kenneth – ele poderia ter descansado, em vez de ir à luta. Jim, por sua vez, passou as férias em casa – quer dizer, em segurança.

Assim que terminou os estudos, Kenneth passou a trabalhar em horário integral na loja de ferragens. O dono, o sr. Wilkinson, ficou satisfeito, pois admirava a atitude de Kenneth diante da vida, seu hábito de ir além do que se esperava dele. Jim acabou encontrando um emprego em uma oficina de recuperação de vidros. O salário era baixo, mas, segundo ele, "a grande chance chegaria, mais cedo ou mais tarde".

Depois de mais de dois anos como empregado da loja de ferragens, Kenneth ansiava por mais responsabilidade. Sabia que seria um risco apresentar ao sr. Wilkinson a ideia de uma promoção – o patrão poderia julgá-lo pretensioso. A outra opção seria ficar calado. Mas então, como o sr. Wilkinson saberia de suas ambições? Lendo pensamentos?

Assim, um dia, logo depois do fechamento da loja, Kenneth apresentou ao patrão a proposta de assumir, dali a um ano, o cargo de assistente da gerência. O sr. Wilkinson gostou da iniciativa do empregado e concordou, avisando porém que ele deveria trabalhar com afinco e assumir mais responsabilidade pelo dia a dia da loja. Os doze meses seguintes pareceram passar rapidamente e, conforme planejado, Kenneth passou a gerente assistente. Em quatro anos, era gerente da loja. Aos poucos, ele foi se destacando entre os funcionários do grupo de franqueados, visto como um jovem "ligado", capaz de assumir riscos!

Kenneth sabia que, se continuasse a agir como até então, avançaria no sistema de franquia tão rapidamente como acontecera na loja local. Mas não podia adivinhar o que estava por vir.

KENNETH CONQUISTA A PRÓPRIA LOJA

Ao acompanhar o sr. Wilkinson a uma reunião, Kenneth soube estar em construção em um bairro próximo uma loja onde a empresa pensava abrir nova franquia. Apesar de jovem, pelos padrões do mundo empresarial, conseguiu o financiamento para fazer negócio, além de contar com ótimas referências do patrão, um dos mais respeitados franqueados da Austrália. Em poucos anos, Kenneth tinha passado de empregado a dono de loja. E tudo porque ousou arriscar - ousou acreditar em si.

Jim, o irmão de Kenneth, continua no mesmo emprego, à espera da grande chance. Mas, como Kenneth sabe, grandes chances não "chegam" - são criadas.

"AT AUSSIE, WE'LL SAVE YOU" (NA AUSSIE, NÓS POUPAMOS VOCÊ) - A HISTÓRIA DE JOHN SYMOND

Se existe um exemplo de como acreditar e conseguir, é este. É a história de um homem de negócios australiano que revolucionou de uma vez por todas o mercado de financiamento de casa própria em seu país. A partir das imortais palavras *At Aussie, we'll save you (Na Aussie, nós poupamos você)*, John Symond criou uma organização formada por gente jovem e dinâmica que acredita em sua visão: todo australiano não somente merece a oportunidade de ser dono da própria moradia, como deve poder pagar por ela as taxas mais baixas do mundo. Antes da Aussie, as taxas de juros para financiamento da casa própria na Austrália estavam entre as mais altas do mundo.

Como pôde um filho de imigrantes donos de mercearia, criado em Nova Gales do Sul, cumprir uma tarefa gigantesca? A história de John é toda de perseverança e "não desistência". Ele aprendeu na prática como é ir do começo humilde à riqueza e, depois, perder tudo.

DE GAROTO DO INTERIOR A MILIONÁRIO, PARA ENTÃO PERDER TUDO

Desde muito pequenino, John sabia que desejava o sucesso. Sua família viajava de cidade em cidade, de estado em estado, em busca de potenciais oportunidades de negócios. Com isso, o jovem John passou por onze escolas. Mas esse foi apenas um dos muitos desafios que forjaram um dos mais importantes personagens do mundo empresarial, na Austrália. Os anos seguintes puseram seu ânimo muitas vezes à prova, até que finalmente realizasse seu sonho.

Nos anos 80, John criou a Mortgage Acceptance Corporation, o que o levou a se destacar no setor financeiro. Os anos seguintes foram de ouro, quando ele se casou e colheu os frutos de seus esforços. As coisas não poderiam estar melhor. John tinha tudo: era dono de uma empresa de sucesso, a vida pessoal ia às mil maravilhas, morava em uma luxuosa mansão em North Shore, Sydney, e dava asas à sua paixão por automóveis caríssimos.

Mas, como se sabe, o final da década de 80 trouxe uma surpresa desagradável. O mercado de ações quebrou, em 1987, causando um estrago, inclusive na empresa de John. E, depois de três anos de lutas, ele desistiu e fechou a Mortgage Acceptance Corporation.

Os anos seguintes foram um inferno perfeito. Além de perder mais de 10 milhões de dólares australianos de seu patrimônio, ele viu sua vida pessoal desmoronar. As tremendas pressões provocadas pelo revés financeiro contribuíram para abalar seu casamento, que acabou em divórcio. Ele estava mal e sentia na pele o que muitos australianos sofriam, tentando flutuar.

ERA TUDO UMA PREPARAÇÃO

John se sentia no fundo do poço, mas sabia, do fundo do coração, que aquilo era uma preparação para alguma coisa maior. Ele poderia fazer o que muitos empresários fizeram na época: desistir ou mesmo dar fim à vida. Mas John Symond é um lutador e sabia que tinha de voltar, por sua família e, mais importante, por ele mesmo.

Os esforços de John foram integralmente dedicados ao pagamento de credores e às negociações para que pudesse focar novas oportunidades e se livrar dos erros passados. Nessa época, ele ouviu falar da revolução nas taxas de juros nos Estados Unidos, em especial no caso de empréstimos para a compra da primeira casa. John não pôde resistir à possibilidade de saber mais sobre o assunto e partiu para uma viagem de estudo. Queria ver com os próprios olhos o que estava acontecendo na América.

NASCE A AUSSIE HOME LOANS

Ao voltar, John sabia que aquela era sua grande oportunidade. Na época, a Austrália vivia sobrecarregada por taxas de juros escandalosamente altas, devido à pouca ou nenhuma competição entre as principais financeiras - que, por acaso, pertenciam aos quatro maiores bancos australianos. Imagine o que aconteceria, se John revelasse a você seus planos em uma conversa depois do jantar. Ali estava ele, financeira, pessoal e emocionalmente no fundo do poço, dizendo que ia tomar uma fatia das mãos dos grandes bancos! Ridículo! Loucura!

Pois John não pensava assim e, em 1992, em um pequeno escritório alugado em Parramatta, Sydney, fundou o que viria a ser uma revolução no setor financeiro - uma revolução que acabou fazendo a autoridade máxima das finanças na Austrália se levantar no Parlamento e dizer aos seus compatriotas que, se não estivessem satisfeitos com seu banco, fossem procurar negócios melhores e **pensassem na Aussie Home Loans!**

Quem diria que a empresa fundada por John, com uma equipe de apenas doze funcionários, um dia seria um nome presente em todos os lares da Austrália, empregando mil pessoas e distribuindo mais de 7 bilhões de dólares em empréstimos a 90 mil australianos? Em 1997, os lucros alcançaram 8 milhões de dólares. E em toda parte veículos brancos com tração nas quatro rodas, com o logotipo da Aussie Home Loans, lembram às pessoas a visão de John Symond, apontando claramente a diferença em relação aos bancos.

VOCÊ PRECISA ACREDITAR QUE É CAPAZ DE SE RECUPERAR

A história de John Symond é a prova de que o que faz a diferença no mundo de hoje não é a força do golpe, mas a rapidez com que você se levanta. Todos sofremos reveses e, qualquer que seja a sua posição, você vai enfrentar alguns. O modo como lida com esses reveses determina o nível de realização do seu potencial. Com as finanças arrasadas e o casamento acabado, John poderia facilmente ter desistido em 1990, declarando completa sua cota de sucesso na vida. Poderia ter ficado deprimido pelo que aconteceu e pelo que talvez acontecesse.

John Symond é a prova da possibilidade de fazer a diferença, mas a oportunidade pode se apresentar de maneira pouco convencional. Portanto, dê uma olhada nos reveses que sofreu no passado ou sofre agora. Eles foram a oportunidade da vida de John Symond – e podem representar o mesmo para você.

Capítulo 5

DÁDIVAS SOB A FORMA DE DIFICULDADES

> SÓ SE VEEM AS ESTRELAS QUANDO ESTÁ SUFICIENTEMENTE ESCURO.
>
> **Ralph Waldo Emerson**

NESTE CAPÍTULO

▪ Dificuldades são dádivas disfarçadas ▪ A história de Tom – da infância terrível ao sucesso▪ A história de Mark – como ele perdeu 100 mil dólares e depois chegou ao sucesso ▪ O professor chega quando o aluno está pronto ▪ Superando o fim do casamento e aprendendo a ser confiante novamente

No capítulo 3, você viu que os problemas nos desafiam diariamente. Neste capítulo, quero mostrar como as dificuldades podem ser dádivas valiosas. Talvez você pense: "Está louco! Usar as palavras 'dificuldades' e 'dádivas' na mesma frase!" No entanto, estou convencido de que cada revés é uma preparação para o que está por vir. Homens de negócios, astros do esporte, ganhadores do Prêmio Nobel e outros que alcançaram o sucesso superaram reveses terríveis. No entanto, indivíduos menos realizados vivem a reclamar da vida. Como? Em sua jornada, os bem-sucedidos aprenderam e compreenderam que os problemas que atraímos são uma preparação. Os reveses nos ensinam, fortalecem e, mais do que qualquer outra coisa, preparam para novas empreitadas.

Em *Você Pode!*, contei como a morte do meu pai, quando eu tinha 14 anos, jogou minha vida em um turbilhão. O trauma, embora tenha me provocado um tremendo abalo na época, foi o componente mais importante do meu sucesso profissional, preparando-me de maneira inimaginável para o que estava por vir. Eu soube que "a responsabilidade começava ali"; não receberia nada "de bandeja" na vida. Se não fizesse as coisas acontecerem, seria o fim. Tive de assumir total responsabilidade pela minha felicidade e pelo meu sucesso na vida – sem desculpas!

COMO A INFÂNCIA TRISTE DE TOM SERVIU DE PONTE PARA O SUCESSO

Um dos fascínios da minha carreira de palestrante e consultor é nunca saber o que um participante de seminário ou um cliente pode relatar. Suas histórias são sempre interessantes e cheias de lições. Mas a de Tom me tocou um pouco mais do que as outras. Eu me identifiquei com ele porque ambos enfrentamos dificuldades no início da vida.

Tom me contou sua história no fim de um seminário em uma grande companhia de seguros. Ele teve uma infância terrível e lembrava bem as vezes em que teve que se esconder em um armário, para fugir da fúria do pai, que se embebedava diariamente. Sua mãe era agredida com frequência, mas se esforçava ao máximo para proteger Tom e o seu irmão mais velho, Brian. Apesar dos esforços, porém, não conseguiu poupar os filhos dos assustadores sons da violência.

Para Tom, viver significava frequentar a escola como se nada estivesse acontecendo. Segundo me contou, até completar 12 anos, ele pensava que todos os colegas apanhassem em casa e todas as mães fossem maltratadas como a dele. Somente ao participar de um acampamento, descobriu que os outros garotos se aproximavam dos pais e eram amigos deles. A descoberta representou um choque enorme. Ele jamais se imaginara próximo do pai.

Mais ou menos uma semana depois da volta do acampamento, Tom sofreu outro baque. Sua mãe foi hospitalizada mais uma vez, devido às agressões do marido. Ela deveria ficar no hospital por quinze dias, mas assumiu a responsabilidade de sair uma semana antes, para cuidar dos filhos. Ao chegar em casa, no início da noite, a mãe de Tom notou uma luz acesa no quarto. Lá, encontrou o marido na cama com uma vizinha. Tom, a mãe e o irmão deixaram a casa imediatamente, transferindo-se para um abrigo. Mais tarde, mudaram-se para outro estado, onde recomeçaram a vida e fugiram do inferno em que tinham vivido até então.

Tom e o irmão viveram o mesmo pesadelo, quando crianças, mas tomaram caminhos diferentes na vida adulta. Tom deixou a escola aos 15 anos e começou a trabalhar, chegando a gerente estadual de uma grande companhia seguradora. Brian, que estudou até os 18, pulou de um emprego sem perspectivas para outro e experimentou drogas na tentativa de superar os sofrimentos da infância. Hoje, é dependente de heroína e em várias ocasiões teve problemas com a polícia.

Tom percebeu cedo **que as experiências da infância poderiam destruí-lo ou fortalecê-lo – e sabia que a decisão cabia a ele**. Poderia "sair dos trilhos" ou fazer da vida um sucesso. Conforme disse: "Sou mais resistente do que a maioria e escolhi o sucesso."

Tom constantemente vê os colegas – gente que não conhece o verdadeiro sofrimento – estressados por ninharias. Ele, segundo afirmou, consegue entender claramente o que pretendo, quando digo que "uma dificuldade é uma dádiva". Embora não deseje a ninguém uma infância como a que teve, ele hoje considera o que passou como "um evento decisivo" em seu caminho para o atual sucesso.

ELE PERDEU 100 MIL DÓLARES... E ENCONTROU O SUCESSO

Mark, um bem-sucedido palestrante e consultor financeiro, é um exemplo excelente de como "aceitar as dificuldades como dádivas". Ele sempre quis fazer palestras sobre finanças, mas não sabia como entrar no circuito. Então, no final dos anos 80, ouviu falar de uma instituição financeira britânica que pretendia ser representada na Austrália. A função incluía a visita a empresas australianas, para oferecer um pacote de treinamento em vídeo, ensinando os funcionários a lidar melhor com as finanças. Mark viu ali um presente de Natal fora de época. Era a oportunidade perfeita para se iniciar como palestrante. Mas, como logo descobriu, de maneira muito traumática, era também um momento crucial, de "uma dádiva em forma de dificuldade".

Depois de seis meses de atividade, ele não tinha vendido tantos pacotes de treinamento quanto esperava. As empresas da Austrália fugiam de sistemas de treinamento importados da Inglaterra; queriam algo mais australiano. Mark ficava cada vez preocupado e endividado. Os saques a descoberto chegavam a 60 mil dólares, e as pressões eram cada vez mais fortes.

Uma das poucas empresas a contratar os serviços de Mark foi um banco australiano que decidiu lhe dar uma oportunidade em sua convenção anual, em Hobart. A apresentação foi muito bem, até ele fazer à plateia a pergunta que sempre fazia:

– O que vocês detestam mais que ficar sem dinheiro?

– Assistir a vídeos de treinamento ingleses – alguém respondeu.

Mark conseguiu disfarçar e não demonstrou como se sentiu atingido e como ficou chateado. Mais tarde, recebeu muitos cumprimentos por sua apresentação, exceto do funcionário que não gostava de programas ingleses de treinamento.

Depois do almoço, todos foram aproveitar a tarde livre. Mark estava no saguão do hotel, preparando-se para ir embora, quando sentiu um tapinha no ombro. Para surpresa sua, era o tal funcionário, que se apresentou como Martin. Queria pedir desculpas por algum transtorno que pudesse ter causado com sua crítica.

A "dádiva em forma de dificuldade" estava a alguns passos, e Mark não fazia ideia de que sua vida ia mudar para sempre. Os dois homens resolveram se sentar e conversar sobre mercado de ações. E acabaram se dando bem. Foi quando Martin soltou a bomba:

– Por que fica oferecendo esses malditos e ultrapassados vídeos importados? Reparei que, toda vez que você mostrava o vídeo, a plateia se desligava. Mas, quando resumia o que tinha sido mostrado, a plateia acordava. Por que não apresenta a informação você mesmo, ao vivo? Conhecimento e experiência não lhe faltam e, acima de tudo, você possui o único ingrediente capaz de levar ao sucesso: o sotaque australiano!

Mark mal podia acreditar no que acabava de ouvir. Martin estava absolutamente certo! Minutos antes, ele via o outro como um inimigo e de repente estava diante do amigo mais generoso! Mark contou que foi como nos desenhos animados, em que uma lâmpada acende, para indicar uma boa ideia. Naquele momento, ele soube que seria um palestrante de sucesso. Com certeza.

Nos três anos seguintes, Mark lutou pela carreira, apesar de suas dívidas chegarem a 100 mil dólares. Ele sabia que em breve ganharia dinheiro para saldar tudo. Decorridos dez anos, Mark é um renomado palestrante, especializado em assuntos financeiros. Até hoje, ele sustenta que o elemento principal de sua "virada" ou de sua "dádiva sob a forma de dificuldade" foi o momento em que Martin interrompeu sua fala naquele seminário.

O PROFESSOR CHEGA QUANDO O ALUNO ESTÁ PRONTO

Mark está entre os muitos leitores de *Você Pode!* que consideram "O professor chega quando o aluno está pronto" o mais importante capítulo do livro. Recebi centenas de mensagens com expressões de gratidão por esse ditado oriental de 2 mil anos de idade que nos permite ver claramente como os reveses do passado são nosso mais valioso recurso.

Quando considera os reveses como "professores", você alcança uma nova perspectiva: as situações vividas passam a ser vistas não como acidentes, mas como eventos que nos preparam para o futuro.

UM BELO DIA...

Harvey é um ótimo exemplo de alguém que recebeu um golpe e fez a escolha entre aceitar e permanecer caído ou se levantar e voltar à luta. Ele assistiu a um dos meus seminários em Gold Coast e se sentou ao meu lado no almoço. Em conversa, Harvey disse como se identificava com o que eu acabara de dizer. Fazia três anos que ele tinha chegado ao fundo do poço. Antes, ele trabalhava em Melbourne, em um emprego de que não gostava muito. O setor vinha sendo afetado por mudanças, determinadas pelo governo, nas tarifas e se tornava menos viável economicamente a cada dia.

Em uma tarde muito fria de sexta-feira, Harvey e seus colegas de trabalho foram avisados que a fábrica seria fechada, e eles estavam na rua, a partir daquele momento. Embora chocado com a crueldade da comunicação, ele se viu diante do inevitável e sentiu uma espécie de alívio. Jessica, sua esposa, também ficou chocada, mas sentiu o mesmo alívio – pelo menos, não havia mais dúvidas. Ela e Harvey teriam de agir, em vez de esperar que a "fada madrinha" mudasse seu mundo.

Depois de uma semana colocando em ordem as finanças, Harvey e Jessica decidiram se mudar para Gold Coast. O corredor entre Gold

Coast e Brisbane é a região de maior crescimento da Austrália e não faltaria trabalho para um casal disposto a pôr mãos à obra. Jessica, que havia parado de trabalhar cinco anos antes para cuidar do filho, Ben, decidiu ser aquela a hora de se reintegrar à força de trabalho. E existia outro incentivo para a mudança: tanto os pais de Harvey como os de Jessica tinham se aposentado e ido morar em Gold Coast.

Pouco tempo depois, Harvey conseguiu colocação em uma cadeia de supermercados, e Jessica aceitou um emprego de meio expediente em um escritório de advocacia. Segundo ele contou, a adaptação ao novo ambiente foi um tanto difícil, mas, decorridos três anos, eles estavam de mudança para uma casa nova, com piscina e vista para o mar. Harvey fora recentemente promovido a supervisor, e Jessica recebera um grande incentivo, ao ser convidada pelos sócios do escritório, impressionados que estavam com sua firmeza e sensatez na solução de problemas, a assumir o trabalho em tempo integral.

Eis o relato de Harvey: "Muitos dos meus ex-colegas de Melbourne ainda não superaram o que aconteceu, e alguns continuam desempregados. Quando você assume 'responsabilidade verdadeira' pela vida, começa a enxergar as opções para fazer acontecer. Esta foi a maior lição que aprendi. Só lamento termos esperado tanto, até a fábrica de Melbourne fechar. Deveríamos ter feito a mudança antes, quando falamos do assunto pela primeira vez!"

O FIM DE SEMANA QUE MUDOU UMA VIDA

Terry e Renee estavam atravessando uma fase difícil no casamento. Para tentar trazer de volta a emoção ao relacionamento, Terry decidiu alugar por um fim de semana uma casa-barco em Pittwater, Sydney. A neblina se dissipando em uma manhã de domingo na America Bay cria uma atmosfera realmente romântica. Ele tinha visto isso em pescarias com os amigos e queria que Renee também visse.

De início, Renee resistiu à ideia, mas acabou concordando, e tudo foi ajeitado. Mais ou menos uma semana antes do dia marcado para o evento, Terry encontrou Gregory, antigo companheiro de pescaria, e mencionou que iria a Pittwater. Dizendo isso, sugeriu que, caso estivesse por perto, Gregory ligasse para seu celular, quando combinariam de almoçar juntos no domingo.

Terry e Renee estavam ansiosos pelo fim de semana. Ele até reparou que, com a aproximação do grande dia, os dois pararam de brigar, só pensando no que estava por vir.

O fim de semana chegou. O tempo estava perfeito, e tudo corria às mil maravilhas, até que o celular de Terry tocou. Era Gregory, que resolvera aceitar o convite para o almoço de domingo. Gregory vivia em Pittwater e acabara de comprar um barco. Não teria problemas, portanto, em chegar ao ponto onde estava o casal. Combinaram se encontrar em The Basin, um clube muito popular, em frente a Palm Beach, somente acessível pela água.

Terry pensava que Gregory fosse aparecer com a mulher, Stacey, e se surpreendeu ao vê-lo sozinho. Quando perguntou por ela, levou um susto; os dois tinham se separado dois anos antes e estavam divorciados. A explicação de Gregory para o fato foi simples: "acabou". Terry sabia o que ele queria dizer.

Depois do almoço, os dois barcos rumaram para o cais da casa de Gregory, que era maravilhosa. Gregory ganhara muito dinheiro no mercado de ações, tendo se retirado antes que os preços despencassem, passando a investir em imóveis. Com o dinheiro que ganhou, havia comprado uma bela mansão de quatro andares por uma pechincha. Renee, visivelmente impressionada, exclamou:

– Teríamos de ganhar na loteria, para comprar uma casa dessas!

Na volta para casa, Terry e Renee começaram a discutir por causa de dinheiro e do rumo dos dois na vida. O que tinha sido um fim de semana espetacular acabou como acabava a maior parte das noites do casal: em briga.

Seis meses se passaram, e nada melhorou. Terry estava cada vez mais estressado com a situação. Em uma noite de sexta-feira, ele chegou em casa e encontrou um bilhete de Renee sobre a mesa da sala de jantar. Ela se fora. Somente ao ler o bilhete, ele se deu conta da extensão do desastre. Renee contava que decidira morar com Gregory e que seus advogados entrariam em contato, para cuidar dos procedimentos da separação e do divórcio.

Os dois anos seguintes foram um inferno para Terry. Cheio de amargura e de raiva por Renee e pelo ex-"amigo", começou a perder a saúde e a engordar. Ficou particularmente deprimido no Natal. Nos anos anteriores, ele e Renee, se reuniam com os amigos. Mas o primeiro Natal depois do divórcio foi todo passado em frente à televisão.

UM NATAL INESQUECÍVEL

No Natal seguinte, porém, Terry tinha se convencido de que, enquanto sentisse raiva de Renee e de Gregory, seu mundo refletiria aquela raiva. E resolveu mudar de atitude.

Como parte de sua nova postura, tomou a decisão de ir a um hospital no dia de Natal, para levar ânimo aos pacientes que não tivessem visitas. Foram horas maravilhosas. Os pacientes gostaram de ter companhia, e ele gostou de ouvir suas histórias. Na ala de doentes de câncer, aproximou-se de uma enfermeira que ajeitava um frasco de soro. Apresentou-se e descobriu que ela se chamava Belinda.

O horário de visita chegava ao fim, e Terry decidiu almoçar. Já ia saindo, quando Belinda entrou na enfermaria, para desejar a todos um feliz Natal. Terry, normalmente tímido, perguntou se ela iria almoçar com a família. Ela respondeu que a família vivia longe, em Cairns, e passaria o Natal com o gato e o cachorro. Aproveitando a oportunidade, ele a convidou para acompanhá-lo no almoço em Darling Harbour. Ela aceitou e, como dizem os romances, o resto é história. Seis anos depois, Terry tem um casamento feliz com Belinda, e eles têm quatro filhos!

Terry me escreveu para contar sua história assim que terminou de ler *Você Pode!*. Ele se identificou em especial com o capítulo que fala de dificuldades e disse: "Percebi que, na vida, a moral da história é assumir total responsabilidade pelo que acontece, por piores que pareçam as coisas. Se ficasse remoendo o fim do meu casamento, teria enlouquecido. Uma das razões da nossa separação foi a minha dificuldade de demonstrar sentimentos. Em vez de discutir os problemas quando surgiam, eu sufocava a raiva e a insatisfação para, muitas vezes, tempos depois, explodir por bobagens."

Quando Terry tomou a decisão de parar de exibir sua raiva ao mundo, este passou a refletir sua nova atitude, e ele pôde seguir adiante. Ele diz que nunca se sentiu tão bem na vida. E repete: nunca. Suas palavras finais foram: "Os reveses, definitivamente, são dádivas disfarçadas. Meus quatro filhos e minha mulher maravilhosa são a prova de que estamos sendo preparados para o que virá."

Todos sofremos reveses e todos sabemos como podem ser dolorosos. No fim das contas, acredito que o nível de sucesso é determinado pela decisão de aceitar as dificuldades como preparação para o futuro, em vez de se fazer de vítima. Você é a única pessoa que pode decidir isso. Os reveses vão acontecer na sua vida, e o seu modo de reagir a eles terá grande importância para o seu futuro.

Assim como Terry, muitos leitores me escreveram para contar como superaram a adversidade e encontraram sucesso e felicidade. Suas histórias confirmam nossa capacidade de recuperação. Tudo depende de assumirmos conosco o compromisso de acreditar que reveses são dádivas.

Capítulo 6

QUEM DISSE?

> Na vida, é você quem decide a altura do céu.
>
> **Anônimo**

NESTE CAPÍTULO

▪ Derrubar o pedestal – por que você deve desafiar algumas das crenças dos seus pais ▪ Ideias acerca de dinheiro e educação ▪ Quem programa os seus pensamentos? ▪ A aparência é irrelevante – o que conta é o interior ▪ Homens de verdade choram – que alívio! ▪ Não há problema em viver sozinho ▪ A crise da meia-idade e suas causas ▪ Por que cuidar dos seus sonhos em um relacionamento? ▪ Uma parábola moderna – outro ângulo de "Quem disse?" ▪ Como os adolescentes podem manipular os pais

Você já prestou atenção em algumas crenças que acumulou no processo da sua educação? Essas crenças o condicionaram a responder às situações de certa maneira, e essas respostas levam a determinadas escolhas. Muitos não têm consciência do porquê de suas respostas e fazem escolhas sem pensar. O problema é que essas podem não ser as escolhas certas para alcançar o sucesso.

Posso ouvir você perguntar: "Como fazer uma escolha sem pensar?" Simples. Se você não parar e examinar o modo como responde a certas circunstâncias, vai continuar a responder "inconscientemente" às situações, por mais inadequadas que sejam as suas respostas.

HORA DE DERRUBAR O PEDESTAL

Sem querer parecer desrespeitoso, devo dizer como me surpreende o fato de tantas pessoas ainda acreditarem que seus pais sabem tudo. Talvez soubessem tudo quando você era criança, e eles eram os adultos mais importantes da sua vida. Pense por um momento. Na escola, você consultava os professores; em casa, os pais eram os seus guias. Eles fizeram tudo: trouxeram você ao mundo, alimentaram, bancaram as suas despesas até que pudesse se sustentar. Eis aí muitos motivos para agradecer. Mas, agora que você cresceu, as crenças deles não são necessariamente as suas. Talvez você guarde algumas convicções herdadas, que podem impedir o seu sucesso em vários setores da vida.

A realidade é a seguinte: se você fizer tudo o que os seus pais fizeram, vai acabar igual a eles. Se é isso o que quer, ótimo. Mas muita gente quer ir além e fazer coisas diferentes. Isso não é ingratidão. É somente a necessidade de romper com crenças que não funcionam mais.

FAÇA UMA FAXINA NO SEU SISTEMA DE CRENÇAS

Rachael é um bom exemplo. Ela me escreveu para dizer como gostou de *Você Pode!*. Conforme me relatou, ela passou anos com vontade de retomar os estudos, mas, toda vez que tentava se matricular em um curso, os pais reclamavam: que precisavam dela em casa, que não sabiam como se arranjariam sem ela... Rachael acabou convencida de que tudo não passava de chantagem emocional. Decidiu ser fiel aos próprios anseios e voltar a estudar, quer seus pais gostassem ou não. Afinal, estava com 28 anos!

Segundo Rachael me contou, tomada a decisão, uma coisa estranhíssima aconteceu. Quando os pais perceberam que não mudaria de ideia, passaram a apoiá-la. Ela entendeu claramente que a restrição ao exercício de seu pleno potencial vinha do condicionamento cultural deles. "A educação que meus pais receberam estabelece que, na família, o homem é o provedor, e o papel da mulher é, basicamente, cuidar do homem."

A vontade que Rachael tinha de estudar mais ia contra as crenças dos pais, mas estava perfeitamente de acordo com a moderna sociedade australiana. Ela escreveu, em seu depoimento: "Mamãe e papai não mudariam da noite para o dia os hábitos de toda uma vida. Eu sabia que teria de ser forte e insistir no que acreditava certo. Mas, quando desafiei uma de suas velhas crenças, eles resolveram me apoiar."

Rachael hoje reconhece as muitas situações em que entregou aos pais decisões que deveria ter tomado, por acreditar que "eles sabem o que é melhor". Eis o que ela diz: "Eles chegaram à Austrália sem falar uma palavra de inglês e fizeram um trabalho maravilhoso, aos educar cinco filhos, hoje todos bem-sucedidos nas carreiras que escolheram. Mas agora chegou a hora de meus irmãos, minhas irmãs e eu começarmos a assumir alguma liderança em casa."

Rachael terminou a carta dizendo que, estranhamente, seus pais aguardam com ansiedade as próximas surpresas!

COMO VOCÊ SE SENTE ACERCA DO DINHEIRO?

Durante uma sessão de consultoria com um dos meus clientes, o assunto "dinheiro" veio à tona. Conversávamos sobre condicionamentos relativos a dinheiro, adquiridos na infância, e como nos afetam na idade adulta. Meu cliente, John, contou que enriqueceu por não ouvir os conselhos dos pais.

– Você disse por não ouvir? – perguntei.

– Exatamente. Adoro meus pais e faria tudo por eles, mas eles não têm noção de dinheiro. Lutaram a vida toda e, mesmo agora, depois dos 60, vivem com muita simplicidade. Percebi bem cedo que, se ouvisse seus conselhos em matéria de dinheiro, provavelmente acabaria como eles. E isso eu não quero. Em questões morais e éticas, não poderia haver professores melhores que mamãe e papai, mas administração financeira não é o ponto forte deles.

Em muitos dos meus seminários, sou procurado por participantes que, tal como John, dizem-se condicionados pela criação que tiveram a uma determinada relação com o dinheiro. Sue Ellen, uma consultora em imóveis, contou que trabalha desde os 15 e consegue economizar, mas, por incrível que pareça, sempre que sua conta bancária chega a uma certa quantia, soa um alarme, e ela ouve sua mente dizer: "Gaste! Gaste!"

Depois de muito pensar, Sue Ellen conseguiu encontrar na infância as raízes de sua atitude. Quando jovem, ela via a dificuldade da família para equilibrar as finanças, mas se lembra nitidamente de que o pai voltava das viagens de negócios com uma boa quantia. Nessas ocasiões, sua mãe saía gastando à vontade, para duas semanas mais tarde dizer: "Estamos sem dinheiro. Vamos apertar o cinto."

QUEM PROGRAMA OS SEUS PENSAMENTOS?

Quando você pensa no assunto, acaba achando graça. A moda determina o que é *in* e o que é out para a próxima estação. Óculos de sol grandões ou bem pequenos? Salto alto ou plataforma? Cabelo comprido ou curtinho? Todos nós, de alguma forma, nos questionamos quanto ao que usar, comer, assistir ou aonde ir, com base no que é "quente" e no que não é.

A DOENÇA DOS EMAGRECEDORES – HOMENS E MULHERES SOFREM IGUALMENTE

Pegue uma revista, e as mensagens vão saltar aos seus olhos. Em poucas palavras, elas dizem como deve ser o seu corpo, que cor o seu cabelo e as suas roupas devem ter, de que tamanho devem ser os seios das mulheres e os bíceps dos homens e assim por diante. Você poderia não dar importância, mas é difícil resistir ao apelo de tanta "gente bonita".

Sempre me interesso por programas na televisão que abordam desordens alimentares, como bulimia e anorexia nervosa. Não se sabe bem o que causa essas trágicas condições, mas a maioria das pessoas concorda que a exposição de mulheres em revistas impressas em papel brilhante tem alguma coisa a ver.

E quanto aos moderníssimos aparelhos de musculação que vemos por aí? Alguns rapazes possuem corpos tão fantásticos que chegam a despertar inveja. Mas, assim como a candidata ao emagrecimento "sabe" que se eliminar uma refeição vai alcançar a esbeltez de um corpo perfeito, o fortão deseja "mais uma" sessão de treinamento, com a qual finalmente conseguirá a aparência de Mr. Universo. De certa maneira, a construção do corpo é uma versão masculina da "doença do emagrecimento".

A triste ligação entre as duas condições é o fato de faltar autoestima a homens e mulheres. **Quando você realmente se ama, escuta uma voz interior que diz: "estou bem como sou".**

Na próxima vez em que se pegar pensando "engordei demais" ou "meu corpo é um horror", pergunte-se: "A quem estou escutando? Quem disse que esta voz tem razão?"

SOU UM SUJEITO DURÃO – EU ACHO!

Durante um seminário para uma grande companhia telefônica, um rapaz chamado Nathan pediu para conversar comigo. Assim que o vi, imaginei qual seria o tema da conversa. Nathan era, visivelmente, um cultuador do corpo. Via-se que passava horas e horas “malhando”, em busca do máximo de condicionamento físico.

Terminada o seminário, nós nos encontramos. Nathan disse que estava realmente surpreso ao me ouvir ligar culto ao corpo com autoestima. Segundo ele, nos tempos de escola havia sido um “conquistador tímido”. Eis seu relato: “Não que eu quisesse ser um astro, mas não me dava tão bem com as garotas quanto meus colegas e creditava isso à minha falta de músculos. Assim, certa tarde, quando um vizinho sugeriu que fôssemos até uma academia próxima, decidi que não teria nada a perder. Ao chegar lá, gostei imediatamente. O local estava cheio de garotos ‘sarados’, mais ou menos da minha idade. Decidi me concentrar em ser como eles e trabalhar para isso.”

Cinco anos depois de começar a frequentar a academia, Nathan possui um corpo que é o sonho da maioria dos rapazes. No entanto, não tem namorada. Depois do seminário, ele concluiu que a razão disso é o modo como se vê por dentro. Não há nada de errado com a aparência dele.

Passados cerca de três meses do nosso encontro, recebi o telefonema de um Nathan animado e positivo. “Acho que finalmente encontrei a peça que faltava no quebra-cabeça. Vou trabalhar a autoestima com a mesma dedicação que tive para trabalhar meu físico. Quem sabe o que vai acontecer? Estou muito otimista!”

ANGÚSTIA DE MÃE

Shirley é a mãe amorosa de quatro filhos. Depois de ler *Você Pode!*, ela me escreveu contando que tinha passado o livro à filha Kate, que acreditava estivesse nos primeiros estágios de uma bulimia.

Shirley disse que, embora o livro não se referisse especificamente à bulimia, pensou imediatamente em Kate, ao ler o capítulo sobre autoconfiança. A garota passava por uma adolescência complicada em comparação aos irmãos e à irmã. Seus ataques de pânico e o comportamento típico de bulimia começaram quando ela cursava o último ano escolar. De início, as crises aconteciam ocasionalmente, mas, no decorrer do ano, as pressões aumentaram, e Kate foi ficando cada vez mais introspectiva. Shirley percebeu que a desordem - ou doença - era mais complexa do que pensava e convenceu a filha a consultar uma clínica local, para evitar o avanço da bulimia. Segundo seu relato, Shirley e o marido estavam dispostos a fazer todo o possível para melhorar a autoestima de Kate, pois tinham compreendido a importância desse aspecto para a situação triste em que a garota se encontrava.

QUEM DISSE QUE HOMEM DE VERDADE NÃO CHORA?

"Homem que é homem não chora." Você aprendeu a pensar assim? É melhor se livrar agora dessa ideia perigosa! Todas as religiões orientais - algumas com 2 mil anos ou mais de existência - apontam a importância de momentos de tranquilidade em contato com os próprios sentimentos. Acredito que tristeza e depressão sejam mensagens que tentam nos alcançar. Assim, devem ser estimuladas, e não sufocadas.

Não digo que você deva explodir em lágrimas sempre que alguma coisa não sai ao seu gosto, mas, quando estiver triste ou "sem paciência com a vida", experimente. Vá para o quarto, chore - como fazia quando era criança - e confirme: você vai se sentir muito melhor. Assim como o riso, o choro faz parte da vida. Na próxima vez em que estiver "mal", chore e dê alívio ao corpo. Se o seu condicionamento não permitir, assista um filme do tipo dramalhão. Deve ajudar!

QUEM DISSE QUE É IMPOSSÍVEL SER FELIZ SOZINHO?

As viagens sempre fizeram parte da minha vida - primeiro, quando trabalhava no setor de turismo e ia ao exterior toda semana e, mais recentemente, como palestrante profissional e consultor, o que me obriga a frequentes deslocamentos interestaduais. Adoro a liberdade proporcionada pelas viagens, a ansiedade provocada por não saber o que existe depois da próxima esquina. Pequenos contratempos, como atrasos, mau tempo ou companheiros de voo desagradáveis, só aumentam a emoção. Por isso, fico surpreso ao ver tanta gente que procura a "outra metade da laranja" dizer que a vida não tem sentido sem aquela pessoa especial, tão sonhada e tão difícil de encontrar.

Nas épocas em que estive solteiro, gostei de viver a experiência purificadora que é entrar em um restaurante e jantar sozinho. Quando estou longe em um hotel, prefiro descer para tomar café a pedir serviço de quarto.

Já perdi a conta de quantas pessoas me procuram depois dos seminários e dizem: "Seria mais fácil adotar alguns dos seus conceitos se eu fosse solteiro" ou "Se ao menos eu tivesse alguém para me ajudar com as mudanças..." Que coisa maluca de se dizer! **Se quer mudar a sua vida, você tem que fazer acontecer**. Ter um parceiro – ou uma parceira – não faz nenhuma diferença.

A CRISE DA MEIA-IDADE ACONTECE PORQUE VOCÊ NÃO SE ESCUTA

Em geral, o homem australiano médio deixa a casa dos pais para ir morar com a namorada – da barra da saia da mãe para a barra da saia da mulher. Com a maioria das mulheres, a situação é parecida. Elas deixam a "segurança" da casa dos pais para a "segurança" da casa do homem dos seus sonhos. E então, depois de cuidar dos filhos e da casa por dez anos, elas se avaliam e perguntam: "Na verdade, o que realizei?"

Na minha opinião, a moral da história na maior parte dos casamentos é a seguinte: a mulher carrega o fardo em casa – ainda que trabalhe fora – porque seu homem não cresceu, não teve oportunidade de viver por si e descobrir quem é. Então, quando homem e mulher se aproximam dos 40, começam a questionar sua sorte na vida.

Certa vez, li que o ciclo de questionamento acontece de sete em sete anos, a partir do dia em que o indivíduo nasce. Isso quer dizer que, mais ou menos a cada sete anos, você se examina e pergunta: "Qual é o sentido da vida?" e "Para onde vou?" No meu caso, os eventos mais importantes aconteceram exatamente com esses intervalos. Meu pai morreu quando eu tinha 14 anos, que foi quando decidi assumir total responsabilidade pela minha vida. Aos 21, consegui um ótimo emprego no setor de turismo. Então, aos 28, decidi ser meu patrão e comecei a dar palestras. E, aos 35, assinei contrato com a Penguin Books.

Toda a minha experiência de consultoria e todos os contatos com participantes de seminários me ensinaram o seguinte: se você não se escuta nos momentos de questionamento, prepara o terreno para a turbulência no intervalo seguinte. A meu ver, é assim que se provoca a onipresente crise da meia-idade – ignorando as dúvidas surgidas aos 14, 21, 28 e 35. Aos 42, o circuito fica sobrecarregado, e o interruptor grita: "Espere aí! Quero as respostas agora!"

Como as dúvidas surgem todo dia, em grande quantidade, tudo vira de cabeça para baixo. É quando o homem compra um carro esporte vermelho e troca a mulher por outra mais jovem, que nada sabe da vida. E é quando a mulher costuma ficar muito deprimida.

RELACIONAMENTOS SÃO RUAS DE MÃO DUPLA

Ross assistiu a um dos meus seminários e me falou da surpresa que experimentou quando comecei a falar do ciclo dos sete anos, pois era exatamente o que acontecia em sua vida. Eis seu relato: "Só larguei a barra da saia da mamãe para casar, mas não tinha pensado nisso até ouvir você. Meu relacionamento de 15 anos vai mal e agora sei por quê. Nesse período, perdi grandes oportunidades, pois o casamento tinha de vir em primeiro lugar. Sempre tive reservas quanto à nossa união e agora percebo que minha mulher, Penny, com seu gênio forte, não passa de uma substituta da minha mãe. Lamento não ter buscado a realização dos meus sonhos e por isso estar destruindo meu casamento.

Quando perguntei a ele o que diria a outros que estivessem na mesma situação, respondeu:

– Relacionamentos são ruas de mão dupla. Você precisa pensar no outro, mas sem abrir mão dos seus sonhos e objetivos. Senão, arrisca-se a ser uma pessoa amarga, revoltada e ressentida, por se considerar tolhida. E geralmente tudo acaba vindo à tona durante as brigas.

Em que momento da vida você abriu mão da força pessoal, sem levar em conta os seus desejos e necessidades? Teve dificuldades no seu ciclo de sete anos? Você considerou essas dificuldades como pontos cruciais para o crescimento futuro? Finalmente, dê uma boa olhada em crenças ultrapassadas que talvez tenha herdado de pais ou irmãos e comece a substituí-las por outras mais adequadas para a pessoa que você é hoje.

"QUEM DISSE?" TAMBÉM SE APLICA ÀS CRIANÇAS

Até aqui, falamos da influência exercida pelas crenças transmitidas durante o processo de educação. Mas e quanto às crenças que os adultos absorvem dos jovens? É possível os pais serem condicionados pelos filhos? Bem, eu conheço muitas histórias de pessoas lá pelos seus 50 e poucos anos, reprimidas pelos filhos adolescentes ou que mal passaram dos 20 – e muitas nem se dão conta disso.

Parece loucura, não? Por que os pais, adultos, maduros, se deixariam constranger pelos filhos? A lógica seria pôr as crianças em seu lugar e dizer a elas que obedeçam. Mas todos temos na vida dias bons e dias ruins. Quando atravessamos aqueles períodos em que nada parece dar certo, é fácil nos deixarmos influenciar por aqueles com quem convivemos. Durante as crises, os filhos podem representar pilares de sustentação para os pais, mas também podem ser muito manipuladores.

Esta história me foi contada há mais de doze anos por alguém que conheci profissionalmente. Fiquei realmente tocado, pois acredito que somos "programados" a cada dia pelas pessoas com quem nos relacionamos (adultos e crianças), pela mídia (eletrônica e impressa) e pelos milhões de peças de publicidade que vemos e ouvimos.

A história demonstra claramente o que disse Henry David Thoreau: "Depois de plantada, a semente não encolhe; só cresce."

UMA PARÁBOLA MODERNA

Um homem vivia ao lado da estrada e vendia cachorros-quentes.

Como ouvia pouco, não tinha rádio.

Como enxergava pouco, não lia jornais.

Mas vendia bons cachorros-quentes.

Colocou um cartaz ao lado da estrada, dizendo como eram bons.

E ficou bem perto, gritando: "Compre cachorro-quente, senhor!"

E as pessoas compraram.

Ele aumentou os pedidos de salsicha e pão.

Trocou o fogão por outro maior e ajeitou a vendinha.

Ganhou dinheiro suficiente para mandar o filho à universidade.

Mas, então, uma coisa aconteceu...

O filho voltou da universidade e foi ajudá-lo a administrar o negócio que tinha crescido.

O filho disse:

– Pai, não escutou o rádio? Não leu os jornais? Se o dinheiro continuar "curto", vamos ter maus negócios. Pode vir uma grande depressão. É melhor se preparar para tempos difíceis.

O pai, então, pensou: "Meu filho frequentou a universidade. Ele ouve rádio e lê jornal. Deve saber."

Reduziu os pedidos de salsicha e pão, recolheu o cartaz e deixou de ficar à beira da estrada anunciando seu produto.

Suas vendas caíram praticamente da noite para o dia.

ELAINE SE LIBERTA DOS FILHOS

Elaine assistiu a um dos meus seminários em Melbourne. Era uma viúva de 50 e poucos anos, cujo marido tinha morrido em um acidente de carro, sete anos antes. Elaine decidira deixar o cabelo crescer um pouco e queria conhecer pessoas da mesma idade, com quem pudesse freqüentar eventos sociais e aproveitar melhor a vida.

Mas, quando mencionou isso aos filhos, ambos de 20 e poucos anos, encontrou pressões e certa ironia, já que os dois atribuíram as ideias de Elaine à crise da meia-idade. Ela ficou magoada. Tudo o que desejava era sair algumas noites por semana! Somente então percebeu que tinha sido sutilmente condicionada pelos filhos a ficar em casa para atender às necessidades deles – deixando de lados as próprias. Elaine nunca pensou que pudesse ser tão influenciada pelos filhos. Afinal, eles estavam sempre perguntando: "Mamãe, pode fazer isso para mim?" ou "Mamãe, pode fazer aquilo?"

Elaine concluiu: "A verdade é que eles são muito dependentes de mim. E deveriam assumir algumas tarefas domésticas. Desde que meu marido morreu, eu me sinto culpada por meus filhos não terem pai. Daí, comecei a mimá-los. De agora em diante, vou prestar mais atenção ao que *está por trás* do que eles dizem, em vez de operar simplesmente no 'piloto automático' e fazer o que pedem."

CAPÍTULO 7

O QUE É SUFICIENTEMENTE BOM PARA VOCÊ?

> ASSUMA A RESPONSABILIDADE POR ALCANÇAR UM PADRÃO MAIS ALTO DO QUE O ESPERADO.
>
> **Henry Ward Beecher**

NESTE CAPÍTULO

▪ Como as suas expectativas aumentaram no decorrer dos anos ▪ Em que aspectos você se contenta com menos? ▪ Por que você dispensa aos convidados um tratamento melhor do que dá para si? ▪ A importância de uma aparência melhor ▪ Ligação entre dívidas e metas ▪ Ninguém dá amor ▪ Amar a si – o maior amor de todos

Todos temos provas do nosso crescimento. As fotografias antigas de Natais e aniversários às vezes nos assustam, quando vemos o modo como nos vestíamos. É um alívio constatar que não temos mais aquela aparência (ou não usamos mais aqueles exageros!). Tal como a prova fotográfica das nossas mudanças com o passar dos anos, existem meios de provar como progredimos nos aspectos físico e financeiro.

UMA VISITA À ANTIGA CASA

Se quer avaliar as suas mudanças em relação ao que considera bastante bom para você, experimente visitar uma casa que conheça bem – aquela onde você cresceu ou onde moram os seus avós. Veja o que acontece quando entra lá, depois de muitos anos. Qual é a sua primeira impressão? De que tudo encolheu, é claro! Tudo ficou menor.

Meu primeiro endereço, ao deixar a casa da família, foi um bom apartamento de quarto e sala em Neutral Bay, na parte baixa de North Shore, em Sydney, com vista para a cidade. Há pouco tempo, decidi fazer uma visita, para ver quem morava lá. Um homem de seus 40 anos veio abrir a porta. Como eu vestia terno – sabe-se lá o que ele poderia pensar! –, apressei-me a dizer quem era e a mostrar alguns documentos com o antigo endereço, para comprovar a veracidade da minha história. Depois de alguma hesitação, ele disse "sem problemas" e me fez entrar.

Eu mal podia acreditar, ao ver como o apartamento é pequeno. Com o teto baixo, as coisas pareciam bastante amontoadas. E o barulho! O prédio fica perto da Warringah Expressway, que leva a Harbour Bridge. Como eu pude viver ali por mais de dois anos... e gostar? Aquela foi para mim uma confirmação de que podemos aceitar qualquer coisa – de que é possível se acostumar a tudo.

O mais incrível é: podemos conquistar mais do que temos hoje. Por que se acostumar à limitação? Por que aceitar restrições aos ganhos, à família ou mesmo à saúde?

O QUE VOCÊ SUPORTA?

Você sabia que, segundo inúmeras pesquisas, a maioria das pessoas não reclama quando algo não está a contento na refeição, em um restaurante? Elas comem, simplesmente, ou, o que é pior, vão embora. E, sem qualquer indício de insatisfação, pagam a conta. As pesquisas indicam também que tais clientes em geral não voltam ao restaurante.

Mas este capítulo não trata de atendimento ao cliente. Trata da dificuldade de decidir o que é suficientemente bom para você. Não estou, nem de longe, aconselhando cenas em restaurantes, quando as coisas não são satisfatórias. Digo apenas que faça uma análise em todas as áreas da sua vida e descubra em quais delas costuma suporta situações de que não gosta.

Em meu trabalho, diariamente entro em contato com grandes realizadores de vários setores. É fácil identificar um traço comum a todos eles: nunca estão satisfeitos com o status quo, com as coisas como estão; sempre questionam e procuram criar, não somente no campo profissional, mas em todas as facetas da vida. Assim, o crescimento pessoal desses indivíduos é mais rápido que o da maioria. Eles sabem que o pensamento, mais que qualquer outra coisa, decide a extensão das realizações deles.

Até que ponto você questiona a situação atual? Que mudanças introduziu na sua vida nos dois últimos anos? Para realizar plenamente o seu potencial, você precisa de novas aventuras e experiências.

TEMOS VISITAS – MELHOR ARRUMAR A CASA

Já reparou como as pessoas, em sua maioria, correm feito baratas tontas, quando têm visitas para o jantar ou – o que é pior – para passar a noite? Nos outros dias, não se importam com o banheiro imundo ou com o quarto parecendo um campo de batalha. Mas, quando as visitas se anunciam, tudo muda.

Pense bem. Não é uma atitude estranha? De agora em diante, quero que você passe a se tratar como um convidado especial. Nas duas próximas semanas, finja que recebe alguém muito importante. Que mudanças vai fazer? Limpar a cozinha? Cuidar do jardim? Aplicar um desinfetante perfumado no banheiro?

Percebe aonde quero chegar? Você é mais importante do que qualquer convidado. A partir de hoje, mantenha o seu ambiente em perfeita ordem, como se esperasse o patrão para jantar ou para passar alguns dias! Assim como se acostumou a deixar a cama por fazer e o banheiro desarrumado, acostume-se a fazer a cama todas as manhãs e a limpar o que sujar.

Acredito que o estado da sua casa, do seu carro e até das suas roupas representa basicamente um reflexo da sua autoestima, pois é determinado pelo que considera suficientemente bom para você. Depois que adotar a expectativa de um padrão mais elevado em uma área da vida, você vai automaticamente "levantar a barra" em outras áreas.

VISTA-SE COMO SE FOSSE SAIR EM CAPA DE REVISTA

Eu me lembro de ter lido em uma revista, há uns seis anos, um artigo sobre "vestir-se para o sucesso". A matéria incluía as roupas que causam melhor impressão no mundo dos negócios, as cores in e assim por diante. De todas aquelas informações, uma me chamou a atenção.

O ponto responsável por tal impacto foi a afirmativa de que se deve sempre sair de casa como se fosse aparecer na primeira página de um grande jornal. "Uau!", pensei. Nos dias de trabalho, eu sempre saía de casa bem-vestido, mas percebi que não tinha o mesmo cuidado nos fins de semana. Estava habituado a não me barbear aos sábados e domingos, a menos que fosse sair à noite ou trabalhar. Depois de ler o artigo, porém, resolvi fazer a barba diariamente, sem falta. De lá para cá, encontrei muitos clientes e participantes de seminários em shoppings, cinemas e restaurantes, nos fins de semana. Nessas ocasiões, agradeci aos céus por haver lido o artigo. Agora percebo o que aconteceria, se me vissem mal-apresentado, diferente da lembrança que guardavam de mim.

Se os clientes me encontrassem parecendo um desleixado, depois de me verem bem-vestido em compromissos profissionais, poderiam pensar: "Ele não é muito coerente. Como estará daqui a um ano, ainda na vigência do nosso contrato?" A antiga ideia de que "uma imagem vale uma tonelada de desempenho" é muito poderosa, embora muitos a apliquem somente nas horas de trabalho. A mensagem de incoerência é a última coisa que quero transmitir aos meus clientes. Então, passei a me vestir adequada e profissionalmente, aonde quer que vá. Nunca se sabe quem vai estar lá.

Aqui existe um ponto a ressaltar: **Quem disse que não se pode relaxar, estando bem-arrumado e impecavelmente vestido?**

Procure lembrar um casamento ou um baile de formatura a que compareceu. Como se sentiu enquanto se vestia? Os sentimentos a seu respeito melhoraram? O que aconteceu depois de se arrumar? Como foi aquela última olhada no espelho, para ver se estava tudo bem? Provavelmente, você gostou do que viu e teve vontade de chegar logo à festa.

Na vida, é a mesma coisa. Quando você se veste melhor, sente-se melhor. E não é só isso. Os elogios à sua nova aparência dão à sua conversa interior uma direção positiva. Continue assim todo dia e vai ver o que acontece. Você vai se surpreender com a diferença.

AMPLIANDO AS EXPECTATIVAS

Um dos sinais mais reveladores do seu condicionamento e do seu atual sistema de crenças em relação à prosperidade e à abundância são as suas reações ao sucesso alheio.

Tendo crescido em um bairro da zona oeste de Sydney, onde morava no sobrado em cima da mercearia, sempre sonhei viver em uma casa grande, com uma bela vista e uma entrada para carros bem larga. Assim que recebi a carteira de motorista, peguei o carro, tomei a Sydney Harbour Bridge e fui dar uma volta em North Shore e nas praias do norte. Nos bairros exclusivos que se estendem pelo cais, observei os gramados muito bem cuidados, os passeios impecáveis e os grandes portões de ferro. Fiquei fascinado pelo tamanho das casas e pelo trato que recebiam. Todas as vezes que voltei lá, senti-me muito bem. Eu sabia que viveria ali, um dia.

Em uma tarde de primavera, decidi ir até as praias do norte e almoçar em Palm Beach. Como fizera em outras ocasiões, passei por algumas das mais belas ruas da Austrália, todas com uma vista fantástica de Pittwater e do Oceano Pacífico.

Então, uma coisa estranha aconteceu. Diante de uma casa grande, de formas irregulares, vi um cartaz que dizia: "Aberta à visitação". Resolvi parar e dar uma olhada. Não sei o que o corretor pensou de mim, mas... "Quem se importa? Ele não vai me impedir", disse para mim mesmo.

Ao ver a casa, fiquei mudo de espanto. O rapaz da zona oeste nunca havia visto uma casa tão grande, tão completa: quadra de tênis, piscina, cozinha enorme e sala de estar e jantar com área superior à da casa onde eu morava! Tinha lido muitos livros de autoajuda e sabia que a base de qualquer realização é a certeza de que vai acontecer; "sentir" o sucesso é meio caminho andado. Naquela tarde, aconteceu alguma coisa que me acompanha até hoje. Minhas convicções acerca da riqueza mudaram de uma hora para outra, literalmente. Ouvi minha conversa interior aceitar aquele como meu novo padrão de vida e me convencer de que um dia viveria ali.

APONTE MAIS ALTO E VAI ALCANÇAR

Desde aquela "visita" à casa, procurei me preparar emocionalmente para eventos futuros. No que se refere aos objetivos, é incrível como, assim que estabeleço uma meta mais ambiciosa, começo a aceitar que sou capaz. Reparei isso em muitas áreas da vida. Por exemplo, logo depois que eu decido comprar um carro novo, passo noites de insônia intermináveis pensando se vou conseguir pagar as prestações. Mas depois da compra, é só uma questão de tempo até eu começar a pensar em adquirir um carro melhor.

Quando você consegue imaginar vividamente o que deseja, começa a atrair eventos que transformam o seu sonho em realidade. Saiba mais sobre treinamento mental no capítulo 10.

ENTRE "NO VERMELHO" – E O DINHEIRO APARECE

Se você perguntar aos seus amigos como conseguir os bens materiais que pretende possuir, vai ouvir da maioria que deve primeiro economizar, para depois comprar. Mas você sabia que os ricos enriqueceram usando as dívidas a favor deles? Eles sabem que, estabelecida uma meta – qualquer uma –, logo começam a ver como alcançá-la. Como disse Henry David Thoreau: "Depois de plantada, a semente não encolhe; só cresce."

Um dos homens mais ricos da Austrália me contou, certa vez, seu segredo para atrair riqueza: fazer dívida. Segundo ele, quando tudo vai bem, você estaciona mentalmente e perde o ímpeto de ganhar mais. Se sabe que tem compromissos a cumprir, você se esforça para obter o dinheiro necessário.

Pense no primeiro empréstimo que tomou e na sua preocupação em pagar as prestações em dia. O dinheiro seria suficiente? Anos mais tarde, você se vê fazendo os pagamentos com facilidade e pensando em conseguir outro financiamento!

Onde foi que você se deixou escorregar? Há quanto tempo não troca de carro? A compra de um carro novo é um bom incentivo para trabalhar com afinco e conquistar um aumento de salário.

Nada de pensar "Quando conseguir um aumento, troco de carro." Não, não, não. **A meta vem antes. Depois, você vê como alcançá-la.** Estabeleça um prazo, prenda-se a ele e veja o que acontece com a sua atitude no trabalho. Quando você sabe que aquele carro espetacular está para chegar, começa a buscar maneiras de ganhar mais. A outra opção é continuar com o mesmo carro e reclamar da falta de sorte.

NINGUÉM DÁ AMOR

Como já contei, quando deixei a casa dos meus pais, fui morar em um apartamento de quarto e sala, em Neutral Bay. O prédio era uma construção antiga, dos anos 60, mas na época atendia às minhas necessidades – as financeiras, em especial! Minha lembrança mais presente daquela época são as constantes discussões do casal vizinho. Toda noite, havia troca de insultos – e no meio deles pedidos de mais amor, feitos pela mulher. Não entendo como duas pessoas podem ter um relacionamento tão ruim e ainda se chamarem de marido e mulher. Em algumas noites, eu chegava a temer que tudo acabasse em violência, como em casos de que tomamos conhecimento pela televisão ou pelos jornais.

Uma coisa que jamais vou esquecer é a mulher implorando para ser amada pelo marido. Ela sempre chorava e exigia mais amor. E ele respondia: "O que mais você quer de mim? O meu sangue?"

Por muito tempo, a situação se repetiu todas as noites. Uma tarde, porém, as coisas mudaram. De repente, tudo ficou quieto. "É apenas a calmaria antes da tempestade", pensei. "Daqui a pouco, eles recomeçam." Mas a realidade era outra. Ouvi uma voz masculina que não era a do vizinho. Depois outra e mais outra. Era um grupo de carregadores levando a mudança da mulher. Ela finalmente se cansara e resolvera pôr fim à situação.

SOMENTE EU POSSO ME AMAR

Recebo cartas de leitoras que viveram – até por quinze anos – o mesmo pesadelo daquela vizinha. Uma delas, Amanda, contou que somente depois de passar um bom tempo no hospital, em virtude de uma doença não identificada, percebeu como tinha caído. Durante o tempo de internação, ela recebeu a visita de uma antiga colega de faculdade, então vivendo em outro estado.

As duas conversaram sobre os velhos tempos, quando dividiam apartamento, e riram das lembranças. Depois que a amiga se foi, Amanda comparou os dias felizes do passado com a situação triste do presente e percebeu que cabia a ela se recuperar, elevando a autoestima a um nível saudável. Eis seu relato: "Deixei que aquele pesadelo se prolongasse por tanto tempo que me parecia impossível uma vida feliz. Mas, depois de ler *Você Pode!*, decidi acabar com aquilo. Eu ia mudar, quer meu marido gostasse, quer não."

O MAIOR AMOR

As palavras da conhecida canção de Whitney Houston, *Learning to love yourself is the greatest love of all* (Aprender a se amar é o maior amor) resumem o ponto em que muita gente pode errar. É muito fácil acusar de falta de respeito, de abuso, pessoas que afinal você atraiu – em especial quando parentes e amigos bem-intencionados repetem que o seu parceiro (ou parceira) é um perdedor, com quem você jamais deveria ter se casado.

Em meus seminários, quando me pedem para explicar esse conceito, faço uma analogia com o Boeing 747. Se você viaja em um 747 a 10 mil metros e outro avião passa à mesma altitude, o que você vê? A resposta é simples, não? Vê o outro avião e os passageiros dentro dele. Mas se ele passa acima, a 15 mil metros, ou abaixo, a 3 mil metros, o que você vê? Outra resposta simples: nada.

Neste momento, você está voando à altitude que julga merecer. Se pretende maiores realizações na vida, tem de regular a altitude. Tal como demonstra claramente o exemplo do 747, voar sempre à mesma altitude só serve para trazer à sua vida os mesmos acontecimentos e as mesmas pessoas.

Assim é na vida. Convença-se de que merece o máximo, melhore a autoestima e logo vai se descobrir voando mais alto com pessoas e eventos. É muito simples. A sua atitude controla a sua altitude na vida!

Capítulo 8

PROPÓSITO DE VIDA

> A imaginação é a pipa que você empina mais alto.
>
> **Lauren Bacall**

NESTE CAPÍTULO

▪ Relação entre propósito na vida e felicidade ▪ Ligação com o propósito verdadeiro ▪ Coragem de romper as amarras ▪ A história de Mike – de químico a dono de restaurante ▪ Por que convicção e coragem são dois elementos essenciais à realização dos sonhos

Com certeza, você dá um grande passo para determinar o seu nível de felicidade, quando descobre o seu propósito de vida. É difícil definir "propósito de vida" como um elemento único, pois a vida é feita de trabalho, família, saúde, etc. A maioria das pessoas resume assim: motivo pelo qual estamos neste planeta.

Você pode considerar como seu propósito de vida fazer trabalho comunitário, para ajudar os pobres, ou ser o melhor pai (ou mãe), trazendo seres humanos ao mundo e fazendo deles membros responsáveis da sociedade, ou ainda se concentrar na carreira, alcançando progressos no campo que escolher. Neste assunto, não existe certo e errado. O seu propósito de vida pode ser o que você quiser.

Descobri muito cedo que, um dia, ganharia a vida diante de uma plateia. Com isso, pode-se pensar que eu viesse a me tornar ator ou cantor. Bem, se você me ouvisse cantar, agradeceria por eu ser palestrante! Agora, falando sério, lembro-me bem dos fregueses da nossa mercearia. O engraçado é que eles sempre souberam que eu, de certa forma, trabalharia com a palavra.

Há pouco tempo, fiz uma visita para a minha mãe e encontrei uma de nossas antigas vizinhas. Quando soube que sou palestrante, ela riu e disse:

– Ah, meu Deus, agora pagam para você falar!

Ela me contou que nunca esqueceu minhas conversas e me imaginava advogado, procurador ou em qualquer função na qual tivesse de falar muito. E estava certa!

A CONEXÃO COM O VERDADEIRO PROPÓSITO

Lembra quando foi a última vez que ficou em silêncio, em contato com você? Não vale ficar ouvindo música ou assistindo à televisão – quero dizer em *real sossego*. Quanto mais tempo em tranquilidade você passa, mais claramente consegue ver o seu propósito de vida e mais concentração adquire em relação a ele.

Pelo que me contam os participantes dos meus seminários, não haviam percebido que um dos maiores obstáculos à compreensão de seu papel na vida é o fato de estarem sempre ocupados demais "para ao menos pensar no assunto".

Descobri que, quando você mergulha na carreira e dá o melhor de si, a sua intuição o encaminha para o seu propósito. Todos os indivíduos bem-sucedidos que conheço tiveram um começo semelhante no mundo dos negócios. Deram o melhor de si nos empregos anteriores, desenvolvendo assim a autoconfiança necessária à administração de uma empresa própria.

CORAGEM DE ROMPER AS AMARRAS

No mundo atual, pode ser dificílimo para os jovens descobrirem seu propósito na vida. Muitos pais que não se saíram bem nos estudos prometem que com os filhos vai ser diferente. Outros, imigrantes, desejam dar aos descendentes uma vida melhor. Não é por acaso que muitos dos nomes dos alunos mais bem colocados nos exames de fim de ano, na Austrália, são asiáticos. Os pais de alguns desses estudantes chegaram ao país apenas com a roupa do corpo e a determinação de impedir que seus filhos vivessem na condição de refugiados, à procura da liberdade em um barco furado.

A meu ver, o melhor apoio que os pais podem dar ao filho é a certeza de que aceitarão o que ele decidir fazer. Muitos pais pensam que, se diminuírem o número de opções, dizendo logo o que esperam – por exemplo: "Não seria ótimo se tivéssemos uma nova geração de médicos na família?" – o filho vai seguir na direção indicada. Santa ingenuidade! A estratégia só serve para aborrecer o jovem e atrapalhar a descoberta de seu propósito de vida.

Será que você conhece alguém que tenha dedicado anos e anos ao estudo, correndo atrás de um objetivo que não era seu, para concluir, ao chegar à meia-idade, que nunca quis ser professora como a mamãe ou engenheiro como o papai? **É preciso força e coragem**

para perseguir metas e é isso que leva ao propósito de vida. Não se pode esperar acordar um dia e saber qual é esse propósito - ainda mais se a orientação interna tiver sido ignorada por uma década.

Com a minha bagagem cultural, posso compreender a pressão enfrentada por muitos. A perda do meu pai foi uma experiência devastadora. Mas teve um lado positivo, que só identifiquei há poucos anos. Muitos daqueles que cresceram comigo foram excelentes alunos e frequentaram a universidade, mas hoje têm empregos sem qualquer perspectiva - e reclamam que a vida é injusta. Como eu, a maioria trazia uma bagagem cultural. Seus pais queriam ver os filhos fazerem sucesso. Concluí que, como não tinha pai para me pressionar, pude escolher à vontade. Simplesmente segui o fluxo e, no processo, encontrei meu propósito de vida - e gosto muito dele!

MIKE E SEU DESTINO

Quando conheci Mike, ele trabalhava como químico e ia bem na profissão. Casado, com dois filhos, possuía uma bela casa de frente para o cais, em Brisbane. Todo dia, chegava ao trabalho e voltava para casa dirigindo um Porsche Boxster. A vida parecia boa. Mas não era. Kieran, irmão de Mike, atuava como executivo sênior de uma financeira que me contratou para um seminário a ser assistido por todos os funcionários. Kieran foi acompanhado de seus gerentes e, ao fim da primeira palestra, perguntou se haveria problema em convidar o irmão para assistir à segunda. Eu disse que seria um prazer e fiquei curioso em conhecer o novo participante.

Ao bater os olhos em Mike, tive a impressão de estar diante de uma pessoa triste, mas seu discurso era outro: disse estar ansioso pela palestra que tanto agradara ao irmão. Em uma conversa durante o intervalo para almoço, Mike confessou estar tocado pelo que ouvira. Respondendo a uma pergunta minha, acrescentou que, para ele, o ponto mais importante era o fato de ter acabado de reconhecer que abrira mão de todo o seu poder e de todos os seus sonhos em favor dos pais. Embora soubesse possuir um estilo de vida considerado invejável pela maioria, sentia-se prisioneiro. Mas, daquele dia em diante, disse, as coisas iam mudar.

Quando perguntei como, ele explicou que, na verdade, não gostava do trabalho dele e pretendia abandoná-lo em sessenta dias. E continuou: "Sempre quis ter um pequeno restaurante. Minha mulher e eu somos excelentes cozinheiros. Atualmente, ela trabalha em regime de meio expediente no bar de um amigo nosso, não porque precise de dinheiro, mas porque gosta do contato com pessoas e com comida. Nós dois gostamos."

Algumas semanas mais tarde, Mike me escreveu, contando que ele e a mulher estavam de mudança para uma cidade turística ao norte de Brisbane, onde tinham comprado um pequeno e bonito restaurante. Precisava ser trabalhado, mas o potencial era bom. Percebi nas entrelinhas que Mike havia descoberto seu propósito de vida. Foram anos de sofrimento e ansiedade em um trabalho que estava muito longe do que ele realmente desejava.

CORAGEM E CONVICÇÃO

Aos 42 anos de idade, Mike é a prova de que nunca é tarde para mudar e perseguir o que se quer da vida. Em qualquer idade, é necessário ter coragem e convicção para correr atrás das próprias metas sem se deixar influenciar pelas opiniões alheias. E, mais uma vez, tudo está ligado à autoestima. O que realmente determina se você vai ou não perseguir os seus sonhos é a opinião que tem de si. A autoimagem é ponto fundamental para a decisão de ouvir a voz interior ou fazer o que os outros esperam.

Trocar uma carreira lucrativa na indústria farmacêutica por um pequeno restaurante pode parecer um passo arriscado, à primeira vista. No entanto, tal como aconteceu com Mike, todos os que são guiados por uma certeza interior admitem o risco, mas não veem problema algum em levar adiante seu compromisso. Eles acreditam que no fim tudo vai dar certo, pois agem conforme seu propósito de vida.

QUERO SER MOTORISTA DE CARRO DE BOMBEIROS

Lembra, quando você estudava, as perguntas que todos lhe faziam? "O que vai fazer quando sair da escola?, vai continuar a estudar?"

Sempre me espantei, quando garoto, com a facilidade que tinham alguns colegas de responder a essas perguntas. Agora, como adulto, sei que muitas daquelas respostas eram inspiradas por programas de televisão ou por pais ansiosos que desejavam o melhor para os filhos. Analisando a minha vida, posso dizer, sem sombra de dúvida, que sempre quis ser palestrante profissional. Mas quando as pessoas, em sua maioria, me perguntavam o que pretendia fazer na vida, esperavam que eu dissesse a alguma coisa relativa a veículos. Você provavelmente já percebeu que adoro carros. Mas isso não quer dizer que vá passar a vida toda em torno deles.

Quais são as decisões que você tomou há muito tempo e não se aplicam mais? De que você precisa abrir mão para ser mais feliz? Muita gente se diz pressionada a trabalhar para cumprir compromissos financeiros. Entendo muito bem o dilema. Digamos que você tomasse, aos 18 anos, a decisão de estudar Direito, para atender ao gosto da família. Afinal, você não sabia o que queria... Então, resolveu tirar aquele fardo dos ombros. Além do mais, dizer aos amigos "Eu faço Direito" causava boa impressão.

No fundo, porém, você adora decoração de interiores e chega a ficar com a boca cheia de água, quando saem os novos números de Belle e Vogue!

O que faz você feliz? Qual é o seu propósito de vida? As respostas a essas perguntas e a outras do mesmo tipo podem ser encontradas em momentos tranquilos de reflexão sobre o que já lhe deu satisfação. Além das respostas, você vai encontrar a coragem de deixar para trás algumas decisões antigas, muito boas quando tinha 15 anos, mas totalmente inadequadas para a pessoa que você é hoje.

Capítulo 9

TOQUES DE DESPERTAR

> Tempos difíceis passam;
> pessoas fortes resistem.
>
> **Robert Schuller**

NESTE CAPÍTULO

▪ O choque de saber do acidente da minha mãe ▪ Situação de risco por duas semanas ▪ Como a relação com a dificuldade melhorou as minhas palestras e o meu foco ▪ Lições que aprendemos durante os tempos difíceis ▪ As crises e como podem ser toques de despertar

O dia 31 de outubro de 1997 – um belo dia de primavera – começou ao som do alvoroço de martins-pescadores e cigarras. Eu mal podia esperar para fazer minha caminhada matinal de oito quilômetros. Saí de casa por volta das 6 horas e aproveitei o exercício. Na volta, comi a salada de frutas e tomei o suco de laranja de sempre e me preparei para uma sessão de consultoria e um almoço na cidade.

UMA MENSAGEM POR VOICE-MAIL – BEM-VINDOS AO MEU PESADELO

Antes de sair, decidi verificar se tinha recebido mensagem de algum cliente. Isso acontece com frequência, e eu gosto que eles entrem cedo em contato comigo. Uma mensagem havia chegado às 6 horas. Achei estranho, cedo demais.

Em voz aguda e emocionada, uma das minhas irmãs pedia que ligasse para outra irmã no telefone celular. Eu soube imediatamente que a situação era séria: morte ou doença grave. Meu coração disparou. Quem seria? O que teria acontecido? Em uma tentativa desesperada de descobrir, liguei para minha irmã, mas o celular estava desligado, assim como os dos outros parentes. Os telefones fixos não atendiam. Ótimo.

Resolvi ligar para um dos meus tios, Bill Gilbert, um sujeito prático e ponderado. Sem muitos rodeios, exatamente como eu queria, ele me deu a notícia. Minha mãe se envolvera em um acidente de carro, uma batida de frente com um jovem de 19 anos que dirigia bêbado. Ela estava na unidade de terapia intensiva do Liverpool Hospital.

Entrei em absoluto estado de choque. Não conseguia acreditar no que ouvia e me lembro de pensar em como a vida, de uma hora para outra, pode virar de cabeça para baixo. Em um minuto, você está nas nuvens; no minuto seguinte, no fundo do poço. Até então, aquele tinha sido um ano fantástico, de sucesso nos livros e nos negócios. E, de repente, minha mãe estava no hospital seriamente ferida.

O trajeto entre a minha casa e o hospital leva uma hora e meia, mais ou menos, mas naquele dia, depois daquele telefonema, acho que não precisei de mais de quarenta minutos. Na verdade, não me lembro. Só sei que me pareceu uma eternidade. Quando cheguei, fui encaminhado para a sala de espera da UTI, onde encontrei o restante da família e um grupo de jovens, todos chorando. Imaginei que fossem parentes e amigos do rapaz cujo carro batera no de minha mãe. Era isso mesmo. Ele tinha acabado de morrer em consequencia dos ferimentos. Depois de capotar dez vezes, seu carro tinha "aterrissado" sobre o Mazda que ela dirigia.

Embora eu soubesse da luta pela vida que minha mãe travava, não pude deixar de sentir a dor da família e dos amigos do rapaz. Todos fazemos bobagens quando jovens. Meu pensamento voltou instantaneamente ao dia da morte de meu pai. Eu conhecia aquele sofrimento e não podia deixar de ser solidário com eles, que acabavam de perder o filho, o irmão, o amigo, aos 19 anos de idade.

Afinal nos deixaram entrar na UTI. Mamãe parecia bem castigada, como se tivesse se metido em uma briga de bar. Os fatos concretos eram estes: contusão no esterno, cinco costelas fraturadas e perfuração no tórax. Mas mamãe é uma lutadora, e eu sabia que ela ficaria bem. Nos dois dias seguintes, foram feitas cirurgias para retirar líquido do tórax, onde surgiu uma infecção. As enfermeiras garantiam que tudo evoluía normalmente e logo a infecção seria debelada.

Duas semanas mais tarde, mamãe ainda tinha febre e parecia piorar rapidamente. No domingo seguinte, fomos chamados ao hospital, pois a equipe médica estava preocupada com a situação. Comecei a perder a paciência. Como podia ser? Decorridas duas semanas do acidente, com todos os recursos do mundo, e mamãe ainda estava respirando com dificuldade!

Apesar de tudo, a família parecia confiar na equipe do hospital. Com essa experiência, descobri que, em tais situações, as pessoas geralmente têm medo de fazer determinadas perguntas aos médicos e simplesmente deixam que sigam com seu trabalho.

Em qualquer organização, os funcionários são cobrados o tempo todo. Na área médica, porém, se você questiona médicos ou enfermeiros quanto aos procedimentos adotados, é visto como "criador de casos", e não como um "cliente interessado".

SITUAÇÃO DE RISCO POR MAIS DUAS SEMANAS

No dia seguinte, eu tinha um dos mais difíceis compromissos da minha vida profissional: uma palestra no Parramatta Parkroyal Hotel – a primeira de uma série – para a Aussie Home Loans. Mais de mil gerentes e funcionários em todo o país assistiriam aos seminários que se estenderiam por dois meses.

Eu mesmo me surpreendi com meu bom desempenho, levando-se em conta que, de dez em dez minutos, minha mente "viajava". Na verdade, uma das participantes chegou a comentar o meu bom humor durante a palestra e disse que eu devo gostar muito do que faço. Tive de dar uma boa risada e concordar com ela, mas jamais esquecerei aquele seminário. De manhã, antes de subir ao palco, disse para mim mesmo que, se superasse um dia tão difícil, seria capaz de superar qualquer coisa. Acho que eu estava certo!

Depois de cada palestra, eu corria até o hospital para ver como mamãe estava. Por mais duas longas semanas, nada mudou. As infecções continuaram, bem como as noites em claro para todos, inclusive para ela. O pior era a incerteza. Dali a seis meses, ela estaria conosco? Ou não conseguiria se recuperar?

Continuei viajando pela Austrália, para cumprir o seminário da Aussie Home Loans, e telefonava frequentemente para saber notícias. Depois de cerca de três semanas, comecei a perceber minha mãe mais forte, mais parecida com ela mesma. A razão da minha impaciência era o fato de uma pequena melhora demorar tanto. A frase "impaciência implica incerteza" me vinha à mente a todo momento, e eu sabia que devia acreditar na recuperação dela. Se eu conseguisse me apegar a essa crença, ficaria menos impaciente.

Depois de oito semanas de internação e várias promessas de alta "em uma semana", mamãe finalmente voltou para casa, a tempo de passar o Natal conosco. Ela vem se recuperando lentamente e, há poucos dias, deu seu primeiro passeio.

AS LIÇÕES

Agora, toda vez que vejo na televisão a notícia de um acidente, penso em como estivemos perto de perder nossa mãe prematuramente. Penso também na família do jovem motorista. A maior lição que aprendi com tudo aquilo foi a necessidade de dar importância a cada momento. Você não sabe quando um parente ou amigo vai ser levado. Aproveite, portanto.

Nossa autoconfiança é posta à prova frequentemente e acredito que o acidente de minha mãe tenha sido um teste para ela, para mim e para toda a família. Acho que recebemos um toque, para nos organizarmos e ajustarmos o foco na direção do que é realmente importante.

Mais do que qualquer outra coisa, sei que na mais escura das noites de domingo, quando eu rolava na cama sem conseguir dormir, pensando se minha mãe ia morrer ou não, a mensagem *"Acredite! Você Pode!"* assumiu um significado totalmente diferente.

Eu já conhecia o poder de acreditar no trabalho, pois havia feito isso no início da minha vida profissional. Em tempos difíceis e naqueles dias em que tudo parece dar errado, eu sabia que devia acreditar na superação, no sucesso.

De repente, porém, ali estava eu, ao lado da cama de minha mãe, pela primeira vez sentindo a mesma dúvida, a mesma insegurança que me assaltava no início da vida profissional. Claro que o desespero e a completa impotência em relação aos ferimentos dela eram mais assustadores do que qualquer empreendimento. Tive a impressão de ter sido tomado pela insegurança e pela falta de confiança em mim. Logo quando me julgava a salvo, bang! – recebi um golpe totalmente inesperado. Embora nos últimos tempos, "acreditar" só significasse conseguir clientes e tudo o mais, naquele momento significava crer que mamãe se recuperaria e voltaria a ter saúde perfeita.

Na próxima vez em que você decidir assistir a um filme em casa, procure alugar o excelente filme *Um Golpe no Destino*, com William Hurt, sobre um cirurgião rico e bem-sucedido que tem câncer e acaba em um hospital, "do outro lado da cerca". Em vez de tomar as decisões, ele se vê à mercê de médicos insensíveis e da administração burocrática do hospital.

Às vezes, as crises nos fazem acordar. O acidente quase fatal sofrido pela minha mãe me lembrou da necessidade de aproveitar ao máximo cada dia e de valorizar o que temos. No momento mais sombrio daquela noite de sábado, quando toda esperança parecia perdida, ouvi dentro da minha cabeça uma das minhas frases preferidas: "Tempos difíceis passam; pessoas fortes resistem."

CAPÍTULO 10

COMO DESENVOLVER A PAIXÃO E O DESEJO

> DEPOIS DE PLANTADA, A SEMENTE NÃO ENCOLHE; SÓ CRESCE.
>
> **Henry David Thoreau**

NESTE CAPÍTULO

▪ Por que a paixão e o desejo precisam ser alimentados para sobreviver ▪ Como usar sucessos passados para atingir um objetivo ▪ Como sair de férias sem deixar a cidade ▪ Por que a música pode ser o melhor tranquilizante ▪ A coragem de acreditar que os meios vão aparecer ▪ O uso do sentimento para perseguir metas

Você já reparou na animação que sente, quando decide comprar uma casa ou um carro ou quando planeja longas férias?

Vamos tomar as férias como exemplo. Lá fora, a temperatura é de 12 graus e chove. Você está em casa, assistindo a um jogo de futebol pela televisão. Liga o aquecedor e se enrola nas cobertas. De repente, a tela da TV é inundada pelas águas azul-turquesa de Whitsundays. Você vê um casal em pose de total relaxamento, ao lado de uma enorme piscina hexagonal. Equipados com óculos de sol e bonés de beisebol, os dois bebericam daiquiri de manga e cerveja gelada, em meio a um verdadeiro paraíso tropical. Você sempre quis conhecer aquela parte da Austrália e começa a pensar: "Acho que eu mereço umas férias." A semente está plantada.

Chega o intervalo do jogo e você sente ainda mais frio. O programa é patrocinado por uma companhia aérea que tem voos para aquela ilha paradisíaca e, depois de você ajustar o aquecedor pela terceira vez, o anúncio volta a aparecer. Agora, mostra um casal nadando e apreciando as maravilhas da Grande Barreira de Corais. Você começa a pensar seriamente em tirar férias e decide procurar um agente de viagens no dia seguinte mesmo, quando for para o trabalho. Agora, a semente não está apenas plantada, está sendo aguada regularmente.

A caminho do trabalho, você vê na traseira de um ônibus um anúncio do tal *resort*. Na foto em cores vivas, o mesmo casal que apareceu na televisão aproveita a piscina. Você pensa: "Definitivamente, esse anúncio me persegue!" O agente de viagens não somente lhe entrega o folheto, como empresta um vídeo do local e fornece alguns preços. A semente agora é quase uma muda e está sendo muito bem fertilizada! Depois de assistir ao vídeo e conversar com alguns amigos que fizeram o mesmo passeio e gostaram, você tem certeza de que as suas próximas férias serão passadas em Whitsundays.

DESEJO E PAIXÃO - CUIDE DAS SEMENTES

Assim como o pessoal das agências de publicidade sabe que o anúncio deve ser repetido, para despertar o desejo do consumidor, você precisa se lembrar constantemente dos seus sonhos e metas. Quanto mais você se lembra do que quer na vida, mais confortável se sente a respeito. E, antes que se dê conta, começa a pensar seriamente em conseguir.

Procure se lembrar da última vez que plantou uma semente no seu jardim. Depois do plantio, você vai fornecendo a água necessária e espera até que da semente surja uma planta, um arbusto... Você não teria e expectativa de, no dia seguinte, chegar ao jardim e encontrar uma flor igual à que aparece no pacote de sementes, não é? E nem voltaria ao horto para exigir o seu dinheiro de volta, se isso não acontecesse!

Infelizmente, muitos adotam essa abordagem em relação a seus sonhos e metas. Tentam vários métodos para realizá-los da noite para o dia, como jogar na loteria, em jogos de azar, apostar nos cavalos ou nos cachorros. Perdem tempo perseguindo a ilusória riqueza instantânea. É muito fácil iniciar alguma coisa e, depois de certo tempo, perguntar-se por que o entusiasmo já não é o mesmo, por que o desejo diminui. Para desenvolver desejo e paixão, você tem de "aguar" as suas "sementes" - depois de um curto espaço de tempo, vai ter uma bela planta.

Um modo de fazer isso é por treinamento mental ou visualização. Essa é uma técnica poderosa, de grande ajuda para manter a concentração e o foco durante a jornada.

Como você sabe, a autoimagem é fator determinante do nível de realização do potencial. Para mudar o que sente a seu respeito, você conta com duas opções: sentar-se e esperar que a fada madrinha toque no seu ombro e resolva tudo ou assumir o controle da sua vida e utilizar técnicas, como o treinamento mental, para reafirmar a certeza de ser capaz.

TREINAMENTO MENTAL – SETE SUGESTÕES FÁCEIS DE SEGUIR

1. UM SUCESSO PASSADO

Lembra quando você ganhou uma prova da gincana esportiva da escola? Como se sentiu ao receber a fita azul do primeiro lugar? Ou ao percorrer o corredor central da igreja no dia do seu casamento? Não estava nas nuvens? Você pode usar acontecimentos-chave como esses para trazer mais felicidade e sucesso para a vida. Astros do esporte conhecem o poder de reviver grandes vitórias do passado e as emoções da volta olímpica ao som dos aplausos da multidão.

Neste momento, você consegue pensar em acontecimentos que o façam se sentir bem? Essa é uma ferramenta muito eficiente, que traz para o presente sucessos do passado.

2. TIRE FÉRIAS... NA MENTE!

Grandes realizadores sabem que um dos segredos para vencer na vida é se manter acima dos acontecimentos. Com as coisas acontecendo tão rapidamente, é bom saber que se pode tirar férias a qualquer momento. É isso mesmo – a qualquer momento!

Permita-se ficar em silêncio por algum tempo, para "revisitar" um local onde tenha passado ótimas férias. Lembre o seu panorama preferido e desenhe a imagem na mente. No meu caso, se me sinto frustrado ou tenso, viajo para o Glacier Bay National Park, no Alasca, onde passei férias fabulosas, há alguns anos. Quando minha mente revê o magnífico espetáculo da neve adquirindo a cor laranja, ao pôr do sol, a tensão começa a desaparecer.

3. A MÚSICA TRANQUILIZA A ALMA

Esta é uma das maneiras mais rápidas de relaxar e alcançar um estado de calma. Quando você ouve música, o seu cérebro passa a operar em outro comprimento de onda. Som alto deixa você em alto estado de prontidão, enquanto música de fundo, suave, desacelera o pensamento, permitindo que você se concentre no que ouve.

Experimente escutar música "ambiental", como os sons do oceano ou de uma floresta tropical. Quando você se fixa no bater das ondas ou no canto dos pássaros, a mente se acalma e o estresse vai desaparecendo. Os realizadores sabem que, ao afastar o estresse da mente, abrem espaço para as novas oportunidades que os rodeiam.

4. SAIBA QUE OS MEIOS VÃO SURGIR

Um dos passos mais importantes na busca do relaxamento – e de um estado de espírito mais produtivo – é saber que os meios para a realização das suas metas vão surgir a tempo. É aí que entra o desapego (veja o capítulo 12). O segredo é estabelecer as metas e evitar a sensação de pânico do tipo "como é que eu vou fazer isso?" Quando você realmente acredita nesse conceito, ele funciona. Não adianta dizer "vou tentar" e adotar uma abordagem cética. É preciso crer de verdade que "o caminho lhe será mostrado". **Tenha fé em você.**

5. A REPETIÇÃO REFORÇA A CALMA

O mantra é o centro de boa parte das técnicas de meditação. O que é um mantra? Muito simples. É a repetição contínua de um som. Algumas religiões orientais sugerem sons como "um" ou "mmm". Quando você repete um som várias vezes, acaba desviando o foco das suas preocupações para o próprio som.

Essa antiga forma de meditação também pode ser usada para reforçar uma emoção ou um estado que você deseje alcançar. Algumas pessoas repetem "calma calma calma calma", quando vão dormir. Conheço um homem de negócios que, nos últimos vinte anos, toda noite tem esperado o sono chegar, dizendo "riqueza riqueza riqueza riqueza". A palavra a ser usada é escolha sua, mas lembre que seu impacto será sentido enquanto você mantiver o reforço.

6. SENTIR É ACREDITAR

Eis uma técnica maravilhosa que utiliza todo
existe algo que você quer adquirir – uma casa ou
exemplo –, experimente ver, tocar e até cheirar o objet
e vai achar muito mais fácil obtê-lo.

Arthur nunca foi bom poupador – até descobrir essa técnica. Como queria comprar um carro, preparou-se visitando nos fins de semana todas as revendedoras que pôde encontrar. Ele se sentava ao volante, sentia aquele cheiro que só os carros novos têm e deixava que seus sentidos se adaptassem lentamente ao que veio a ser uma experiência regular. Quando se decidiu pela marca, passou a visitar todos os representantes, não só para saber os preços, mas para fazer crescer o entusiasmo. Arthur me contou que está bem perto de conseguir seu carro novo e se impressiona ao constatar como as constantes visitas às revendedoras o mantiveram focado.

O que você, atualmente, acha difícil de conseguir? Adote essa técnica e veja os seus sentidos se manifestarem.

7. SINTA O SENTIMENTO

Dita assim, "sinta o sentimento" parece uma frase estranha, mas na verdade se trata de um modo excelente de reforçar uma característica desejável ou atrair algo que se quer. A ideia é imaginar que você já alcançou o que deseja. Como se sente? Que emoções experimenta?

Escolha um local sossegado da casa, acomode-se e, por vinte minutos, finja que já possui o que quer, seja um bem material, um estado ou uma emoção. Lembre que o subconsciente não distingue entre um evento real e outro imaginado vividamente. Assim, quanto mais você se concentrar em sentimentos positivos, mais sucesso terá em atrair o que deseja.

Diz-se que a principal função do corpo é sustentar a cabeça! Quanto mais aprendo sobre o poder da mente, mais acredito no nosso

.encial. Muitos procuram "fora" as soluções de seus problemas, mas, na maior parte das vezes, as respostas estão dentro deles.

Não cometa o erro de ir atrás de "soluções instantâneas". Não se desgaste nem desperdice o seu dinheiro em fórmulas mágicas – isso não existe. Prefira plantar a semente do desejo para o futuro. Alimente-a com toda a autoestima que conseguir reunir. E você vai conseguir. Na próxima semana, reserve um tempinho e experimente pelo menos uma das sugestões apresentadas neste capítulo. Você não vai se desapontar.

Capítulo 11

VOCÊ PODE PERDER! (PESO, BEM ENTENDIDO)

> Somos o que fazemos repetidamente.
>
> **Aristóteles**

NESTE CAPÍTULO

▪ Você tem que querer ser saudável ▪ Mudanças na dieta para alcançar a sua meta de perda de peso ▪ Exercício – o elo perdido na vida da maioria das pessoas ▪ Como arranjar tempo quando se está muito ocupado ▪ Como enfrentar a terrível sensação de haver estacionado ▪ Frutas, vegetais e boa saúde – é fácil ▪ Por que beber água ajuda na perda de peso ▪ Por que abolir café e chá ▪ Você pode pensar em si como uma pessoa magra... se quiser

"Tagora, deem grandes boas-vindas ao rei australiano da motivação, Paul Hanna!" Com essas palavras, minha vida estava a ponto de mudar para sempre. *Você Pode!* foi lançado em maio de 1997, no Midday Show, por Kerri-Anne Kennerley, a apresentadora número 1 da programação diurna da televisão. Naquele dia, uma coisa incrível aconteceu. Eu me vi.

Isso mesmo. Eu me vi.

Foram entrevistas em programas de rádio e televisão, uma depois da outra. Meus editores queriam que eu aproveitasse todas as oportunidades para promover o livro. Ora, esqueçam os editores – eu também queria aproveitar! Aquele era um momento crucial, tinha que dar certo! Após duas semanas cansativas às voltas com entrevistas para a mídia eletrônica e impressa, eu estava relaxando depois de jantar na casa de um amigo, quando alguém disse que me vira no The Midday Show. Como os outros convidados não tinham assistido ao programa, o dono da casa mostrou a gravação que fizera. Quando me vi, mal pude acreditar nos meus olhos. Que gorducho! Durante os mais de doze meses dedicados à preparação do livro, eu me descuidei. Dizem que a televisão faz a pessoa parecer seis quilos mais gorda – mas isso não interessa. Estava acima do peso e não gostei do que vi.

Eu sabia que, além de ganhar peso, tinha perdido muita energia. Alguma coisa precisava ser feita. Com o sucesso do meu livro e o calendário de palestras mais apertado a cada ano, eu estava em uma encruzilhada na vida. Naquele momento, decidi que cuidaria melhor de mim, em nível físico e mental.

O COMPROMISSO – MENOS 18 QUILOS NO NATAL

Encerradas as viagens para promover o livro, passei a me concentrar no meu estilo de vida. O que eu comia? Fazia exercício? Bebia água suficiente? Estabeleci a meta de perder 18 quilos até o

Natal. Era um grande desafio. Para conseguir, eu precisaria aproveitar todas as semanas dos sete meses restantes.

Como primeira providência, comecei a ler todos os livros que encontrei sobre dieta e estilo de vida. Queria saber o que precisaria cortar. Como segunda providência, assumi o compromisso de praticar exercícios diariamente, sem falhas.

Quero partilhar com você alguns pontos importantes que descobri enquanto via os quilos irem embora, dia a dia. Quero contar como desafiei os "platôs" e elevei meu corpo a um nível mais saudável - um nível por mim nunca antes alcançado.

MUDANÇA NA DIETA

Sabendo que 90% das minhas sessões de consultoria acontecem em restaurantes, seja durante a refeição, antes ou depois dela, pensei que minha tentativa de perder peso acabasse me fazendo perder trabalho. Quer dizer: como emagrecer comendo tanto?

Entre os livros que li sobre o assunto, um se destaca como o mais fácil e prático - uma pequena joia sob o título *Dieta sem Fome*, de Harvey e Marilyn Diamond. Eu havia comprado esse ótimo livro uns dois anos antes e me lembrava de tê-lo lido durante uma das minhas viagens, mas por alguma razão não segui os conselhos. Somente depois do lançamento de *Você Pode!*, ouvi a palavra mágica: "Chega!"

Sempre espero que os leitores tirem proveito de pelo menos um aspecto dos meus livros - um ponto a aplicar em casa ou no trabalho e terá valido a pena. Em minhas leituras, aprendi muito a respeito de dietas e de estilo de vida - hábitos tão fáceis de incluir em minha vida agitada que os quilos simplesmente desapareceram. Algumas sugestões estão a seguir. Para mim, funcionaram, mas cada um é cada um. Se este método não der resultado, leia outros livros, até encontrar um ao qual se adapte. E se lembre sempre de consultar o médico antes de começar qualquer dieta ou programa de exercícios, para ter certeza de estar tudo bem.

1. SÓ COMA FRUTAS ATÉ O MEIO-DIA

Este é o ponto mais importante e o mais fácil de seguir. As mudanças que senti quase imediatamente no meu corpo foram incríveis. E o mais assustador no padrão de alimentação seguido por mim até aquela época foi a descoberta de que, nos últimos dois ou três anos, eu não me lembrava de ter comido uma fruta sequer. Nem umazinha!

Isso não tem desculpa. Todos os hotéis onde me hospedei desde que adotei o novo estilo de vida atenderam aos meus pedidos. Qantas e Ansett oferecem as melhores refeições de frutas e vegetais que se possa imaginar – fresquíssimos. Você só tem de fazer uma coisa: pedir!

2. COMBINE OS ALIMENTOS ADEQUADAMENTE

Esta sugestão é um verdadeiro achado e se baseia no princípio de que a combinação adequada de alimentos melhora a digestão e, consequentemente, a saúde e os níveis de energia. Quando li a respeito pela primeira vez, pensei: "Como um assunto tão importante não é ensinado na escola?" Aqui estão algumas ideias que me ajudaram muito:

- Quando você ingere alimentos que não combinam, força o corpo a trabalhar mais, para organizá-los, consumindo assim uma energia que poderia ser canalizada para outros fins. Sem saber por que, você se torna uma pessoa constantemente cansada e mal-humorada. A importância desse fator é que **a energia é a pedra angular de qualquer programa de perda de peso**. Alguns alimentos que jamais deveriam ser consumidos juntos são: ovos e torradas; queijo e pão; cereal para o café da manhã e leite; frango e macarrão.
- Reduza ao máximo carne e laticínios em sua dieta. Esse é um ponto importante, pois, embora eu tenha sido, por pelo menos cinco anos, vegetariano e tenha consumido pouquíssimos laticínios, ainda carregava excesso de peso. A meu ver, isso demonstra que o importante não é a quantidade, mas a qualidade do que você come.

- Coma frutas quando estiver com o estômago vazio.
- Depois de comer frutas, espere pelo menos duas horas para ingerir outro alimento. O contrário também se aplica: não coma frutas antes de decorridas duas horas da última refeição.
- Invista em um extrator de sucos. Eu tinha um, mas ficava escondido no fundo da despensa, até que descobri ser possível preparar excelentes sucos de frutas, para saciar meus acessos de fome durante as longas horas em que me dedicava a escrever este livro.

COMO CONSEGUI FAZER OS EXERCÍCIOS FUNCIONAREM PARA MIM

Depois de perder mais de seis quilos, apenas cuidando da alimentação, pensei: "Como manter, e perder mais?"

Na época, eu fazia palestras no Hotel Coolum, em Sunshine Coast, Queensland, e decidi passar uns dias de descanso e lazer em Noosa Heads, uma localidade próxima. Em visita à livraria local, depois de um pouco de prosa com o dono, descobri um livro que me ajudaria a alcançar um nível mais elevado de perda de peso e saúde: *Gutbuster – Waist Loss Guide* (O Fim da Barriga – Guia para Redução de Medidas da Cintura, em tradução literal), dos australianos Rosemary Stanton e Garry Egger. Eu já ouvira falar do "Gutbuster Program", um programa para diminuir as medidas da cintura, mas nunca soube em que consistia.

No livro, encontrei muitas ideias boas, mas o que mais me impressionou foi saber da ligação entre caminhada e saúde. Como eu, você provavelmente já ouviu falar da necessidade de exercício físico três vezes por semana, por vinte minutos, pelo menos. Duas semanas antes da minha palestra no Coolum, tinha começado a caminhar por quinze minutos, toda manhã. Parece pouco, mas foi surpreendente como, com tão pouco esforço, comecei a me sentir melhor.

O Gutbuster — Waist Loss Guide enfatiza que se pode fazer exercício **para fitness (boa forma) ou fatness (gordura)**. A ideia me chamou a atenção, pois explicava por que eu seguia um programa de condicionamento físico há dois anos e não conseguia emagrecer. Para sua informação, cerca de dois anos antes, eu já havia notado o meu aumento de peso. Alguns sinais eram nítidos, como o fato de as roupas formais, alugadas para ocasiões especiais, terem de ser um número maior, a cada vez. Decidi, então, contratar um personal trainer. Sei que parece meio "hollywoodiano", mas estava desesperado para recuperar meus níveis de energia de cinco anos antes – e o tamanho da cintura de então. Depois de mais de seis meses de exercícios com halteres e caminhadas forçadas todo santo dia, a perda de peso tinha sido mínima.

Então, meu personal trainer foi levado por um industrial de Kuala Lumpur, que o convidou para viver em seu país e montar lá uma academia particular. Ao partir, ele me deixou os nomes de alguns colegas que considerava bons. No entanto, como achei modestos os resultados de seis meses de trabalho árduo, resolvi tentar fazer os exercícios por minha conta. Assim, dois anos se passaram, e o peso aumentou – o que me levou ao ponto de dizer: "Chega!"

Quando li sobre "boa forma" e "gordura", tudo se esclareceu. Eu queria perder gordura, mas na verdade me exercitava para alcançar a boa forma. Embora eu seja o primeiro a concordar que boa forma é importante, na verdade, queria perder peso. E, afinal, é bem mais fácil entrar em forma quando se está seis quilos mais magro, não acha?

OITO QUILÔMETROS TODA MANHÃ – SEM DESCULPAS

Ao voltar de Noosa, decidi aumentar aos poucos o meu tempo de caminhada. Passei de 15 minutos para 20, para 30, 45 e 60. Hoje, caminho todas as manhãs durante 1 hora e 16 minutos, exatamente, o que me permite percorrer 8 quilômetros.

É impossível descrever como volto satisfeito das minhas caminhadas. Não somente me livro do peso, mas minhas palestras ganham muito. Eu sempre soube que perdia energia ano a ano. Mas tê-la de volta, acrescida de 50%, é realmente incrível. Nada de personal trainers; nada de transpirar junto com a "turma" da academia. Lá vou eu, de acordo com o meu ritmo, caminhando entre as árvores e os pássaros dos quais não tomei conhecimento por muito tempo.

O estranho é isto: percebo que posso comer, e o meu peso continua o mesmo. Caminho toda manhã sem falta – chova ou faça sol. Com isso, meu apetite aumentou e minha energia foi às alturas. Antes de eliminar o excesso de peso, achava meus seminários bons, mas agora estou absolutamente surpreso ao ver que posso dar mais de mim (ou seria menos?!). Consigo estabelecer conexão com a plateia em um plano mais elevado – aonde nunca havia chegado.

NÃO TENHO TEMPO – SOU MUITO OCUPADO

Quantas vezes você já disse "tenho muitos afazeres" ou "você não conhece o meu estilo de vida, não me sobra um minuto para fazer exercícios"? Já usei essas e outras desculpas, mas a verdade é uma só: quer perder peso ou não? Se a resposta for "sim, sim, sim!", as sugestões seguintes podem ser úteis à conquista de uma saúde melhor. Para mim, foram, com certeza.

SUGESTÃO NÚMERO 1 – ACORDE CEDO

Pergunte a qualquer escritor e provavelmente vai ouvir que o período mais produtivo são as primeiras horas da manhã – quando a mente está mais relaxada, focada e disposta, depois de uma boa noite de sono. No caso dos meus dois primeiros livros, eu sabia que teria de abrir espaço na minha vida agitada, se quisesse cumprir as obrigações contratuais com a Penguin. Então, decidi tentar acordar mais cedo. Depois de um necessário período de adaptação, tudo funcionou a contento. Eu ia para a cama às 21h30 e acordava entre as 4 e as 5 horas, dependendo da programação do dia.

Tal como o corpo se adapta a outros fusos horários, também pode ficar bem, se você acordar uma hora mais cedo a cada dia.

Estabelecido o hábito, o corpo busca uma compensação, um meio de garantir energia para o dia todo. Assim, à noite, você começa a sentir cansaço uma hora mais cedo. Depois de uma semana, mais ou menos, o padrão de sono se ajusta à nova programação. Quando vi como era fácil encontrar horas extras para cuidar do livro, pensei: "Por que não fazer o mesmo em relação à saúde?" Se pude acordar mais cedo para escrever, por que não manter o hábito e caminhar por uma hora e meia? Afinal, o que estava em jogo era algo muito mais importante do que um livro – minha saúde.

SUGESTÃO NÚMERO 2 – ROMPA COM OS "PLATÔS"

Deixe-me descrever a cena. Você decide comer somente frutas até o meio-dia. Ao reconhecer aí uma ótima oportunidade de se livrar do excesso de flacidez, o corpo entra em um esforço concentrado para perder o excesso de peso enquanto pode, já que antevê a volta à dieta de carne e ovos ao qual foi condicionado. Dependendo de quantos quilos você carrega a mais, a perda rápida de peso deve começar em duas semanas.

Depois de duas semanas, porém, o seu corpo se convence de que a coisa é séria. Você não vai voltar aos ovos mexidos de toda manhã e se comprometeu com um estilo de vida saudável. Assim, livre do senso de urgência, ele decide relaxar. Afinal, tem a vida inteira para perder peso. Se o excesso não chegou todo de uma vez, o inverso também é verdadeiro. Notei isso quando perdi meus primeiros kilos: estacionei em um platô.

Chegou o tempo dos exercícios "ineficientes". E por que você praticaria tal coisa? Como você, eu pensava que a perda de peso exigisse exercícios eficientes. Mas, ao ler mais, descobri que o corpo quer ser desafiado continuamente; quer estar sempre em busca de melhoria – do contrário, estaciona. É aí que entram os exercícios "ineficientes", porque o corpo deseja novos desafios.

Para devolver ao corpo o senso de urgência, você precisa constantemente ampliar e alterar o seu programa de exercícios.

Quando comecei a caminhar, aumentei aos poucos a distância e, depois de atingir os 8 quilômetros de toda manhã, busquei maneiras novas e prazerosas de fazer a diferença. Às vezes, mudo o roteiro; às vezes, como uma fruta diferente antes de sair; e às vezes invento uma nova mistura de sucos.

SUGESTÃO NÚMERO 3 – ANDE POR LOCAIS DIFERENTES

Port Douglas, em Far North Queensland, é um local onde acontecem frequentes convenções, e tenho a sorte de ser convidado a fazer palestras lá várias vezes por ano. Nas minhas visitas anteriores àquele lugar maravilhoso, sempre passei todos os momentos livres perto das lagoas de água salgada. Em uma recente ocasião, porém, decidi dar uma volta em Four Mile Beach, onde fica localizado o Sheraton Mirage.

Toda manhã, eu acordava às 4 horas e andava por aquela que pode ser considerada uma das mais belas praias do mundo. À 5h30, quando o sol surge sobre as águas calmas, você tem a impressão de poder caminhar o dia todo. Apesar disso, é um choque para os pés, acostumados a andar de tênis sobre superfícies duras, terem de seguir descalços sobre a areia. Mas eu adorei a mudança!

Assim que voltei a Sydney, assumi o compromisso de, pelo menos uma vez por semana, caminhar os meus 8 quilômetros na areia, para "dar a partida" no corpo e ver o sol nascer. Se você não mora perto da praia, procure um parque – muitas cidades possuem ótimos parques urbanos, tão belos quanto o Centennial Park, em Sydney, os Botanic Gardens, em Melbourne e Brisbane, e o Kings Park, em Perth.

SUGESTÃO NÚMERO 4 – PENSE NA IDEIA DE "DIAS DE FRUTAS OU SUCOS"

Esta é uma sugestão do *Dieta sem Fome*. Se quer se sentir realmente leve – e quem não quer? – pense na ideia de um dia só de frutas ou sucos. Com uma preparação na véspera, você vai ver que o corpo deseja esse tipo de alimento e logo começa a se desintoxicar, livrando-se dos poluentes que nele circulam.

Considero essenciais esses dias especiais, pelo menos uma vez por mês, e sempre promovo um deles, quando tenho uma folga na agenda. Não ponha a ideia em prática no meio de uma semana cheia de compromissos profissionais. Prefira um domingo, quando você relaxa e lê jornal.

SUGESTÃO NÚMERO 5 – BEBA MUITA ÁGUA

Por ser palestrante, bebo muita água, pois subo ao palco quase todo dia e preciso manter a voz em bom estado. Seja uma palestra de quarenta e cinco minutos, um seminário de meio dia ou de dia inteiro, bebo avidamente um copo de água atrás do outro, para cuidar da garganta e do meu bem-estar. No entanto, antes de ler sobre o assunto, não sabia da importância da água para a minha vida fora do palco.

A água ajuda o fígado e o intestino na tarefa de livrar o corpo das impurezas. A carência desse líquido simples, mas poderoso, causa ao organismo problemas como prisão de ventre e apatia. Talvez você duvide que um ato tão simples – beber água – possa ter um efeito tão importante sobre a saúde, mas pense: a água ocupa mais de 70% do planeta e até 80% do corpo humano é composto de água. Acho que isso quer dizer alguma coisa!

Hoje, bebo pelo menos de oito a dez copos de água por dia – o que não é muito, se pensarmos nas garrafinhas de água mineral disponíveis em qualquer loja ou bar. Tudo o que você tem a fazer é beber pelo menos dois copos de manhã cedo, três por volta da hora do almoço e mais três entre o almoço e a noite. Fácil!

SUGESTÃO NÚMERO 6 – ABANDONE O HÁBITO DE TOMAR CAFÉ

Pergunte a quem me conhece. Qualquer um pode confirmar que eu adorava copos grandes de café puro. Tal como em qualquer hábito, eu bebia sem pensar. Mas, depois de saber que cafeína não faz muito bem, parei. A cafeína estimula o sistema nervoso e o apetite. Portanto, se você deseja um estilo de vida mais tranquilo e saudável, café é uma das primeiras coisas que você deve pensar em eliminar. Mas não abandone o seu cappuccino ou o seu cafezinho amanhã; vá aos poucos e será muito mais fácil deixar o hábito.

Descobri que sentia falta, mesmo, de algo para beber. Precisei então encontrar uma bebida substituta e optei pelo chá de hortelã, que, segundo li, é um diurético natural. Com isso, a água percorre o corpo mais rapidamente, eliminando melhor os elementos poluidores. Agora, quando me perguntam o que quero tomar depois da refeição, sempre peço chá de hortelã.

SUGESTÃO NÚMERO 7 – ATENÇÃO AO CONDICIONAMENTO IMPOSTO PELA FAMÍLIA

Quais crenças lhe impuseram acerca de alimentação? Sempre lhe diziam para não deixar comida no prato? Se for esse o caso, já imaginou a pressão para comer tudo, quando vai a um restaurante?

Na minha família, exercício nunca foi uma constante. Daí eu ter visto os meus irmãos sempre em luta com a balança. Um dos comentários mais engraçados de que me lembro foi o de um amigo: "Vocês devem ter ossos fortes." Achei que fosse uma espécie de desculpa e hoje sei que foi mesmo! Nós não tínhamos ossos fortes; apenas, estávamos condicionados a comer quando sob pressão – o que realmente aconteceu. Você pode imaginar o que significava morar em cima da mercearia, em um bairro da zona oeste de Sydney, chegar da escola e atravessar uma loja cheia de comida e bebida, tudo de graça. E, se quiséssemos alguma coisa depois do fechamento da mercearia, não havia problema: era só pegar a chave, ir lá embaixo e atacar picolés e biscoitinhos. Um estilo de vida nem um pouco saudável! Um estilo de vida que talvez me matasse antes dos 40. Meu pai morreu aos 52. Assim, quando resolvi levar a sério os hábitos alimentares, sabia que era "Mude ou então..."

SUGESTÃO NÚMERO 8 – LEIA O MAIS QUE PUDER

Quanto mais eu lia sobre mudança de estilo de vida, mais me convencia do muito que me faltava aprender. Assuma a responsabilidade pela sua saúde e invista em pelo menos três livros que ajudem você a tomar as decisões certas. Pode começar com *Dieta sem Fome e Gutbuster – Waist Loss Guide*, os meus preferidos. E não estou ganhando comissão! É apenas porque esses livros usam linguagem simples e contêm ideias práticas.

SUGESTÃO NÚMERO 9 – SAIBA QUE "VEGETARIANO" NÃO SIGNIFICA NECESSARIAMENTE "SAUDÁVEL"

Algumas pessoas pensam que, ao adotarem uma dieta vegetariana, vão automaticamente perder peso. Não é o caso. Há cinco anos sou vegetariano e raramente consumo derivados de leite. Às vezes como frango, ocasionalmente uso queijo parmesão ralado sobre a massa ou a salada césar, mas minha dieta é basicamente vegetariana. No entanto, o importante a destacar é o fato de que há três anos eu era vegetariano e, ainda assim, carregava todo aquele excesso de peso. Não pense que basta passar a ser vegetariano para emagrecer de uma hora para outra. Pelo contrário – comece a comer adequadamente e vai descobrir nos alimentos vegetais a energia e a força de viver.

SUGESTÃO NÚMERO 10 – PENSE EM VOCÊ COMO UMA PESSOA MAGRA

Criação ilusória de fatos que desejaria serem reais? É isso mesmo. Acredito piamente que você pode pensar em si como uma pessoa magra. Experimente contar, no decorrer de um dia, quantas vezes se diz em ótima forma e quantas vezes aponta o que tem de errado. Como vimos em *Você Pode!*, todos caminhamos na direção do que mais pensamos. Em que você pensa mais: em boa saúde ou nas suas dores? Em um corpo esbelto ou obeso? Você se move na direção dos seus pensamentos. Se quer mudar a disposição física, mude primeiro a disposição mental. O resto vai para o lugar – literalmente.

Capítulo 12

DESAPEGO – DESAPEGAR-SE PARA CRESCER

A vida é como uma pista de aeroporto. Você tem que sempre deixar espaço para que as novas oportunidades possam chegar.

Paul Hanna

NESTE CAPÍTULO

▪ Desapego – desapegar-se para atrair situações melhores ▪ Tempo de arrumar o mundo físico ▪ A história de Brett – por que ele se muda a cada dois anos ▪ Relacionamentos e desapego ▪ Por que é bom fazer algumas coisas sozinho ▪ A história de Robin e Justine – pare de moldar os outros à sua semelhança ▪ Por que deixar para trás os erros do passado pode ser uma experiência libertadora ▪ A história de Russell – como a perda de uma promoção criou "mais" ▪ A história de Carla e Barry – livrando-se do excesso de bagagem ▪ A história de Matt – de mau aluno a grande realizador

O universo é uma coisa maravilhosa, quando observado com atenção. Olhe em volta – em todo lugar há maravilhas acontecendo. Pássaros cantam e voam de árvore em árvore sem o menor esforço. As ondas do oceano não se esforçam para quebrar na areia; elas quebram, simplesmente. O grande tubarão branco não se esforça para nadar; ele apenas se movimenta graciosamente pelas profundezas do oceano. A terra e os outros planetas do sistema solar se movem a altíssima velocidade, sem colisões. O Universo cuidou para que tudo existisse em perfeita harmonia, inclusive você.

Este capítulo trata de algo chamado "desapego" – de não fundamentar o próprio valor nas coisas e pessoas do seu convívio; de abrir mão e deixar espaço para que os outros vivam como acharem melhor. O sangue é como a vida: precisa ter o caminho livre de obstruções, para fluir livremente. Quando você adota o desapego, abre as portas a novas oportunidades.

Para viver plenamente o desapego, você tem de acreditar em si. Precisa crer, do fundo do coração, que o Universo vai prover o que for necessário. Sei que a ideia de crer, sem qualquer evidência, que você vai fazer acontecer é bastante assustadora. Quando se volta ao básico, desapego significa autoconfiança e a certeza de que o Universo tudo proverá. É acreditar em si, sabendo que terá sucesso no que resolver fazer. Mais que qualquer outra coisa, desapego é abrir mão da necessidade de controlar tudo.

DOAR PARA ATRAIR MAIS

Nós nos apegamos a objetos por medo de perdê-los no futuro. O mesmo acontece em relação às pessoas. Mas o apego a bens materiais e pessoas é um convite ao sofrimento. A mensagem aí transmitida é a falta de confiança no poder provedor do Universo. Daí tomarmos todas as providências para garantir a satisfação das nossas necessidades.

A sociedade nos condicionou à obsessão pela posse: casas, carros, barcos, parceiros – é nisso que muita gente fundamenta o próprio valor. A absoluta ironia da situação é o fato de que essas pessoas, por haverem perdido a fé no Universo, acabem acumulando o que conseguem. Em certo sentido, interrompem o livre fluxo de energia na vida, impedindo todo o crescimento futuro. Veja, por exemplo, os relacionamentos. Quando você se apega a um relacionamento, faz com que ele deixe de crescer. Os parceiros passam a depender um do outro e desistem do poder pessoal. Em qualquer relacionamento saudável, o verdadeiro desapego exige de cada parceiro um compromisso diário, de modo que ambos cresçam.

Na minha atividade profissional, pude perceber melhor a força do desapego. Digamos que eu trabalhe com uma grande corporação e que mil funcionários frequentem os meus seminários por um período de dois meses. Enquanto trabalho com eles, eu me dedico integralmente. Quero muito fazer a diferença – por isso a concentração total. No fim do ciclo, tenho duas opções: fazer mais um trabalho com a mesma corporação (o que é fantástico e gratificante) ou trabalhar com outra organização. O incrível é que, quando decido pela segunda opção, logo aparece outra empresa à minha procura, como se tudo tivesse sido programado.

Ainda me lembro dos meus primeiros dias de palestrante, quando fazia de tudo para acomodar a realização de seminários com a procura de novos trabalhos. Hoje, percebo que me preocupava demais, bloqueando assim o livre fluxo de energia. Com isso, cada série de palestras era seguida por um período de escassez. Agora, porém, parece que o calendário se organiza "naturalmente".

ARRUME OS ARMÁRIOS

Uma das melhores maneiras de compreender o poder do desapego é começar por um projeto pequeno. No próximo fim de semana, dedique-se a arrumar o guarda-roupa e separe as roupas que não usa há mais de um ano. Examine suéteres, gravatas, tudo o que foi comprado há muito tempo e só serve para ocupar espaço.

E aqueles móveis velhos que atravancam o depósito ou a garagem? Está guardando para quê? Telefone para uma instituição de caridade e peça que mandem buscar o que não lhe serve.

A maioria das pessoas guarda coisas, sem saber por quê. Um passeio por bairros afastados, em um fim de semana, é a prova de que elas duvidam da própria capacidade e da capacidade provedora do Universo. Pergunte a alguém que esteja vendendo objetos usados a razão de fazer isso. A resposta será: para desentulhar a casa e fazer dinheiro! Alguns chegam a publicar anúncios nos jornais e passam o sábado e o domingo preocupados, às voltas com compradores.

E se conhecessem a lei do desapego? O que teria acontecido se tivessem doado aquilo tudo? O que o Universo teria enviado, caso se livrassem daqueles objetos? Tenha certeza de uma coisa: quando você encerra a arrumação e doa roupas e móveis, abre as portas para que o Universo contemple o seu mundo com mais.

BRETT SE MUDA A CADA DOIS ANOS

Brett, um contabilista, participou de um dos meus seminários em Sydney. Ele apreciou especialmente a discussão sobre desapego, pois acreditava no conceito, mas não tinha consciência dele. Seu relato foi este: "Nos últimos dez anos, mudei de casa de dois em dois anos. Eu gosto disso. Gosto de estar alerta, mental e financeiramente. Toda vez que me mudo, faço uma grande arrumação e mando para instituições de caridade muitas roupas que não uso mais. Antes, eu não sabia o que isso significava, mas agora percebo que abro as portas para receber mais, na vida. Alguns dos meus amigos, que permanecem mais de dez anos no mesmo endereço, parecem enfadados, impacientes. Agora sei por quê. O melhor da mudança a cada dois anos é o prazer de imaginar o novo ambiente e as pessoas que vou conhecer."

Para Brett, o verdadeiro desapego consiste em confiar na vida e saber que ela vai mandar o que for melhor para ele.

DESAPEGO E RELACIONAMENTOS

Sabe aqueles casais em que marido e mulher andam sempre juntos? Em que os dois estão quase literalmente grudados, e um não vai a nenhum lugar nem faz o que quer que seja sem o outro?

Mas não me interprete mal. Acho maravilhoso ver um casal apaixonado juntinho. Não é disso que estou falando. Falo da força do desapego na relação. Muitos relacionamentos fracassam porque os parceiros - ou um deles - param de crescer. Eles fundem as duas personalidades em uma, e nenhum dos dois consegue caminhar com os próprios pés.

NÃO HÁ NADA DE ERRADO EM FAZER AS COISAS SOZINHO

Owen e Gabriela participaram de um dos meus seminários no ano passado. Foi quando que perceberam a força do desapego e viram como esse aspecto estava em falta no relacionamento deles. Segundo Gabriela, quanto mais tempo de casados tinham, mais isolados dos outros se tornavam. Se recebiam um convite, por exemplo, ou iam juntos, ou não iam. "Comecei a reparar que os nossos gostos eram quase sempre iguais. Assim, quando convidados para um evento a que um de nós não queria comparecer, acabávamos em uma grande discussão. Nem sequer pensávamos que um poderia ir sem o outro. Então, como uma criança amuada, aquele que ia de má vontade, em uma ou duas horas, começava a chamar o outro para ir embora - exatamente quando a festa começava a 'esquentar'."

Gabriela disse que ela e Owen se convenceram de que, se quisessem preservar o casamento e recuperar pelo menos uma parte da emoção dos primeiros anos, teriam de praticar um certo desapego. A recompensa seriam parceiros mais livres e, com um pouco de sorte, mais apaixonados.

A HISTÓRIA DE ROBIN E JUSTINE

Justine trabalha para uma grande corporação australiana e assistiu a um dos meus seminários na companhia do marido, Robin, um dentista. Quando comecei a falar de desapego, notei que ela foi ficando chorosa. Apesar de ela ser uma pessoa discreta, ao passar os olhos pela plateia, percebi seu desconforto. Continuei a falar sobre o tema até o intervalo para o lanche da tarde.

Fui até Justine e Robin, para ver se estava tudo bem, mas já a encontrei sorrindo. Segundo ela, a questão do desapego tinha tudo a ver com seu relacionamento. Justine e Robin estavam casados há mais de cinco anos, e as coisas começavam a ficar meio tensas. Justine disse que, ao me ouvir falar, percebeu como vinha tentando tornar Robin parecido com ela – e diferente do homem com quem havia se casado! Ele a interrompeu, dizendo:

– Não se trata de uma rua de mão única. Sou culpado de fazer a mesma coisa com ela.

Robin contou que, nos primeiros tempos de casamento, sempre jogava golfe com os amigos nos fins de semana, enquanto Justine se encontrava com as amigas. Depois de cinco anos, porém, a obrigação de estarem juntos tinha acabado com a espontaneidade no relacionamento, já que as características que provocaram a atração mútua estavam em extinção.

Naquele dia, Justine e Robin assumiram o compromisso de dar espaço um ao outro e permitir que cada um fosse o que realmente é.

DEIXANDO PARA TRÁS OS ERROS DO PASSADO

Todos cometemos erros. Errar faz parte da vida, tal como respirar, andar e falar. No entanto, muita gente fica remoendo os equívocos do passado, tornando--os assim eventos terríveis e inesquecíveis. Na verdade, "erro" não passa de outro nome para as necessárias "experiências de crescimento". Se você não errar, jamais passará do ponto onde se encontra.

Você pode, por exemplo, permanecer no mesmo emprego por dez anos com um desempenho "perfeito" e, por isso mesmo, perder oportunidades. Talvez seja preciso mudar de opinião acerca de "erros", passando a vê-los como maneiras de ir além.

ELE "FALHOU" COMO GERENTE GERAL, MAS CRESCEU COMO PESSOA

Russell é um dos melhores vendedores de carros de luxo da Austrália. Cerca de oito anos atrás, o gerente geral da agência onde ele trabalhava pediu demissão inesperadamente, devido a problemas de saúde. Russel ia tão bem como gerente de vendas que o dono da agência logo lhe ofereceu a gerência geral. Na verdade, apesar de seu bom desempenho, Russell secretamente duvidava de sua aptidão para um cargo mais alto, mas o salário e o carro a que teria direito foram uma tentação poderosa demais, e ele aceitou a oferta.

Passado o período de "lua de mel", Russell começou a encontrar dificuldades e a perder a autoconfiança. A equipe de funcionários da agência reclamava da tensão e da pressão e, depois de oito meses, ele foi convidado a se afastar, cedendo o lugar ao ex-gerente geral de outra agência, recentemente contratado. Russell ficou arrasado. Como sua vida pudera passar de mar de rosas a desastre total - com reflexos sobre os relacionamentos?

Depois de um afastamento de duas semanas, para se recuperar, ele concordou em reassumir o antigo cargo de gerente de vendas, em que se dera tão bem. Todos gostaram de vê-lo de volta "ao lugar ao qual pertencia", mas o trauma de haver perdido uma oportunidade rara foi uma lembrança incômoda pelos anos seguintes. No entanto, apesar de admitir haver assumido uma tarefa além de sua capacidade, Russell sabia que tinha aprendido muito e crescido tremendamente durante o período em que exerceu a função de gerente geral.

Recentemente, o gerente geral que substituiu Russell decidiu mudar de emprego e o indicou para o cargo. Russell recusou. Embora se tivessem passado oito anos, a ferida ainda estava viva, tanto na vida particular quanto profissional, e ele não queria expor a mulher nem a si mesmo a uma nova experiência humilhante.

O dono da agência entendeu o dilema de Russell, mas insistiu. Disse que conversasse em casa e pensasse por um ou dois dias. Depois de mais de uma semana de longas conversas com a mulher, com o gerente geral demissionário e o dono da agência, ele se convenceu de que era então uma pessoa diferente daquela de oito anos antes. Afinal, havia se casado, tido dois filhos, desenvolvido sua equipe de vendas e aperfeiçoado suas qualidades de liderança.

Assim, Russell finalmente aceitou o cargo oferecido e hoje é um dos mais eficientes gerentes gerais que a empresa teve. Quando lhe perguntei qual tinha sido o ponto crucial de seu crescimento, ele respondeu:

– Foi quando perdi o cargo, com certeza. Aquilo me deu fome de sucesso e me ensinou que se pode receber ajuda e ir mais longe.

No caso de Russell, um dos piores "erros" de sua vida acabou se revelando um trampolim para o sucesso. Que "experiências de crescimento" você vem confundindo com "erros"? Talvez você precise fazer o que Russell fez: deixar o "erro" para trás e agarrar a oportunidade para a qual se preparou!

ESTA ESCAPOU

Carla, mãe de cinco filhos, procurou-me no fim de um seminário. Era a primeira vez que ouvia alguém abordar o assunto por este ângulo e estava agradavelmente surpresa, em especial com a mensagem sobre deixar para trás os erros do passado.

Carla prosseguiu, contando da "bagagem" que carregava há mais de dez anos. Quando o terceiro filho nasceu, Barry, o marido de Carla, sugeriu que comprassem uma casa maior. Preocupada com a dívida que já tinham com o banco, ela foi contra a ideia. Barry insistiu, dizendo que, duas semanas antes, havia encontrado a casa ideal. Segundo ele, poderiam renovar o financiamento, para mais tarde fazer negócio com investidores. Para Carla, porém, a cena era familiar. Quando criança, vira o pai tentar a mesma estratégia e perder tudo. Ela ainda se lembrava da família em prantos, a empacotar os pertences e preparar a mudança para uma casa alugada, bem menor.

Barry acabou cansando de argumentar e desistiu. Ele sabia que convencer a mulher a fazer nova dívida era uma tarefa quase impossível. Ainda assim, foi assistir ao leilão da tal casa. Saiu de lá muito desapontado, pois o imóvel acabou arrematado por um valor 50 mil dólares abaixo do que imaginava. E, para piorar, o jovem casal que comprou a casa conseguiu vendê-la, dali a três anos, com um bom lucro – que seria dele e de Carla. O desenrolar da situação levou uma boa dose de ansiedade ao relacionamento, e Carla se lembrava do fato toda vez que tinha de tomar uma decisão.

Depois de ouvir minha palestra, Carla entendeu a importância das "zonas de conforto" em sua decisão. Se soubesse disso antes, as coisas teriam sido completamente diferentes. A experiência vivida na infância, quando viu o pai perder tudo, e a lembrança da dor que sentiu deixaram marcas em toda a família. Até a crise provocada pela decisão acerca da compra da casa, ela não havia notado como sua zona de conforto e sua baixa altitude de cruzeiro a atrapalhavam em questões de dinheiro.

Passados uns dois meses, Carla me telefonou, para contar o que acontecera depois que ela e Barry discutiram o assunto. Eis seu relato: "Percebemos que estávamos supervalorizando o evento. Existem muitas outras propriedades que podemos comprar e vender com lucro. Perdemos muito tempo olhando para trás, em vez de focar o que pretendemos."

FUI MAL NA ESCOLA – ÓTIMO!

Conheci Matt em uma convenção de vendas no Gold Coast. Ele era o terceiro melhor vendedor da empresa e adorava o que fazia. Assim que bati os olhos nele, soube estar diante de um grande realizador. Ele tinha aquele jeito que anuncia: "Estou aproveitando a vida e quero mais."

Matt disse que havia gostado muito da palestra e que achava especialmente aplicável a parte de deixar para trás os erros do passado. Ele terminou o último ano do Ensino Médio com péssimas notas e teve certeza de que seu destino não estava no mundo acadêmico. O único conforto era o fato de um de seus tios haver deixado a escola sem qualquer qualificação formal e ser multimilionário. O pai e a mãe de Matt se preocupam com a escolaridade e o pressionaram tanto nos últimos anos de estudo que ele se julgou preparado para enfrentar qualquer tipo de pressão. Matt confessou não entender por que se dá tanta importância à média das notas do último ano do Ensino Médio. "Quando você arranja um emprego, o empregador não dá a mínima para as suas notas; ele só quer alto desempenho."

Em uma recente reunião de ex-colegas de turma, Matt se surpreendeu ao ver quantos tinham empregos apenas razoáveis. Os melhores alunos estavam, em sua maioria, à espera da "grande chance" profissional. Enquanto isso, ele construíra uma bela carreira em vendas. Alcançara uma situação tão boa que recentemente tinha dado entrada em um apartamento na praia.

Eis o relato de Matt: "Mantenho contato com alguns ex-colegas que não se saíram bem nas provas para obter o Higher School Certificate*. Uns consideram esse fato a razão de seus insucessos. Outros, porém, começam a perceber que o que conta é a atitude em relação ao que vão fazer daqui por diante. A grande ironia é que esqueci as minhas notas – e os meus colegas também!"

Quanto espaço você reservou para novas oportunidades na sua vida? Quanto você se apega ao passado, quando poderia olhar para a frente? Em que setores a sua vida está tão confusa que não sobra espaço para novas oportunidades?

Organize todas as áreas da sua vida, para que o seu pensamento possa receber novas possibilidades. Ao mesmo tempo, veja o poder do desapego atrair alegria e felicidade como você não imaginava possível.

---

* O Higher School Certificate é um exame prestado pelos estudantes australianos ao final do último ano do Ensino Médio que define em qual universidade eles irão cursar o Ensino Superior.

Capítulo 13

DAR É RECEBER

> Tudo o que vai sempre volta.
>
> **Anônimo**

NESTE CAPÍTULO

▪ Como um incidente no posto de gasolina me deixou indignado ▪ A história de Cláudia – como pagar o pedágio foi um bom investimento ▪ Trocando a classe executiva pela classe econômica ▪ Como os almoços me ajudaram nos negócios ▪ Restaurantes e gorjetas – eles adoram ▪ A história de Troy – como ele devolveu "dar e receber" a seu casamento

Em uma véspera de Natal, parei em um posto de gasolina para encher o tanque. Estava no balcão, para fazer o pagamento, quando surgiu uma mulher ofegante e branca como um fantasma. Ela disse ao funcionário do posto que tinha saído de casa às pressas, para levar o filho doente a um centro médico. O problema era que o tanque do carro estava praticamente vazio, e ela havia se esquecido de levar dinheiro.

A resposta do funcionário me deixou surpreso. Ele disse que, se ela quisesse gasolina, teria que pagar. A mulher prometeu levar o dinheiro assim que voltasse do médico, mas ele recusou o acordo. Dez dólares de gasolina seriam suficientes, e acho que ele deveria ter concordado. Diante da situação, ofereci a ela os 10 dólares, mas a mulher não queria aceitar. Somente depois de muita insistência da minha parte – eu disse que seria uma satisfação para mim –, acabou aceitando.

Deixei o lugar com duas ideias na cabeça: como é bom ajudar a quem precisa e jamais voltar àquele posto. O funcionário perdeu muito mais do que 10 dólares! Talvez você esteja pensando que, se ele vendesse fiado para todo mundo, acabaria falindo. No entanto, acredito que todos possuímos a capacidade de identificar comportamentos falsos. Quando em contato com nossos sentimentos, conseguimos perceber tentativas de fraude. E, para mim, a honestidade daquela mulher era tão certa quanto um dia após o outro.

CLAUDIA EXALTA AS VIRTUDES DA DOAÇÃO

Claudia me escreveu depois de ler *The Mini Motivator*, para dizer como gostara da ideia de pagar o pedágio do carro de trás. "Quando li, resolvi que, daquela sexta-feira em diante, pagaria o pedágio do Harbour Tunnel para o carro que estivesse atrás do meu. Em quase todas as vezes, a pessoa sai do carro e vem me agradecer. O investimento de 2 dólares tem um retorno que nenhum dinheiro consegue igualar – a expressão do outro motorista! Para mim, é um prazer e me vejo aguardando ansiosa as manhãs de sexta-feira."

E tudo por 2 dólares!

ELE DESISTIU DE VIAJAR NA CLASSE EXECUTIVA

Gus viaja frequentemente. Estava em sua viagem semanal Sydney/Malbourne/Sydney, quando percebeu uma oportunidade de oferecer alguma coisa a uma pessoa totalmente estranha. Bem, não *totalmente.*

Gus já havia se sentado, e observava a entrada dos passageiros, para ver se conhecia alguém. Eis que um de seus favoritos astros de televisão subiu a bordo. Ele desejou que fossem companheiros de poltrona, mas o homem seguiu para a classe econômica e se acomodou bem no fundo do avião. Gus ficou espantado.

Como o assento ao lado continuasse vago, ele resolveu sugerir ao comissário de bordo que convidasse o artista de TV a ocupá-lo. Mas, quando ia fazer isso, entrou o último passageiro e... adivinhe? Ocupou o assento vago. Gus ficou sem ação. Ele já tinha tudo esquematizado! O comissário fechou a porta e a tripulação começou a demonstrar os procedimentos de segurança.

Então, Gus teve uma ideia. Perguntou ao comissário se poderia trocar de lugar com o artista de televisão. A princípio, o comissário pensou que Gus estivesse brincando, mas, ao perceber que era a sério, disse:

– Sem problema.

Quando o artista se acomodou no lugar que era de Gus, o comissário explicou que a troca era uma gentileza de um de seus maiores fãs, que desejava assim agradecer pelos anos de entretenimento proporcionados a ele e a sua família.

Cerca de duas semanas mais tarde, quando Gus já nem pensava mais no caso, recebeu uma carta do artista, agradecendo a generosidade. Junto, vinham quatro ingressos para a gravação de um especial de TV estrelado por ele.

Tudo o que vai sempre volta!

COMO ELE CONSEGUE BANCAR TANTOS ALMOÇOS?

No início das minhas atividades profissionais, concluí que a única maneira de passar bastante tempo com os clientes em potencial era levá-los para almoçar. Não falo de um almoço regado a bebida, ao estilo dos anos 80, mas de uma refeição de dois pratos, com uma hora e meia de duração – tempo suficiente para discutir sem interrupções a minha proposta. Meu raciocínio foi: todo mundo tem de almoçar.

Às vezes, os mexericos chegam aos ouvidos de quem é alvo deles. Certa noite de sábado, fui convidado para um jantar e lá surgiu o assunto "como chegar ao cliente". Um dos presentes, então, falou dos comentários acerca do meu hábito de levar os clientes a bons restaurantes, estando eu ainda em início de carreira.

Um tanto surpreso, expliquei que agia assim porque acreditava no princípio "o que vai volta". Sabia que, se me mantivesse no ramo por tempo suficiente, os clientes um dia me retribuiriam o favor, contratando meus serviços ou me convidando para almoçar.

Mas, espere aí. Deixe-me esclarecer. Nunca levei alguém para jantar esperando retribuição. Apenas acredito piamente que "você colhe o que semeia". As sementes que eu plantava um dia desabrochariam em belas flores – ou seja, novos negócios. E quer saber? Estava certo. Meus atuais clientes não somente me garantem muito trabalho, como gostam da minha companhia no almoço, quando discutimos novas possibilidades.

No início da carreira, eu não via nos almoços de negócios oportunidades de "dar". Mas eram, com certeza. Você "deu" alguma coisa, nos negócios, ultimamente?

RESTAURANTES ADORAM GORJETAS

Um dos aspectos fascinantes das viagens ao exterior é a possibilidade de conhecer diferentes culturas e modos de viver. Se você já esteve nos Estados Unidos, conhece o hábito de dar gorjetas – aos motoristas de táxi, cabeleireiros, garçons, mensageiros. Lá, faz parte da vida: quando você recebe um ótimo atendimento, dá, a título de gratificação, de 10 a 15% do valor da nota.

Por que escrevo sobre gorjetas em um capítulo que trata de dar e receber? Bem, a gorjeta é um modo de demonstrar que você apreciou o bom serviço recebido. Serviço é um "produto" como qualquer outro. Na Austrália, fico surpreso com a grande quantidade de pessoas que resistem à ideia de dar uma boa gorjeta a quem tenha prestado um excelente serviço. Todos já passamos por situações desagradáveis porque o responsável por determinado serviço esqueceu ou não se deu ao trabalho de cumprir sua tarefa. Comentários do tipo "de jeito nenhum, não estamos nos Estados Unidos", "já paguei a conta" ou "eles já cobram bastante de nós" apenas reforçam a incompreensão desse brilhante e frequentemente ignorado elemento de doação.

Como parte de meu trabalho de consultoria, frequento restaurantes nas principais capitais da Austrália. Um bom restaurante não difere de qualquer outro negócio bem-sucedido: em todos os casos, é oferecido serviço de excelente qualidade, altamente profissional. Para mim, porém, nada supera a sensação de levar um cliente especial a um restaurante onde eu seja conhecido. O bom atendimento é geral, mas quem você acha que recebe aquele atendimento especial? Quem tem os pequenos caprichos satisfeitos? Isso mesmo, eu! Para dizer que aprecio os esforços do pessoal do restaurante, sempre deixo uma gorjeta decente – garantindo assim, para a próxima vez, minha mesa preferida, com a vista que gosto de olhar... O que vai volta!

Quando for ao cabeleireiro, a um bar, restaurante ou a qualquer outro lugar onde lhe prestem serviços regularmente, faça um pagamento extra e veja o que acontece. O retorno é generoso, pois todo mundo gosta de ser valorizado. Na próxima vez em que for pagar a conta, veja o quanto pode acrescentar, para demonstrar respeito e satisfação. Essa vai ser uma das mais acertadas decisões de negócios tomadas por você!

EM QUE O ATO DE DAR PODE MELHORAR O RELACIONAMENTO?

Enquanto máxima poderosa no mundo dos negócios, "dar para receber" é também um elemento forte no caso de você pretender melhorar um relacionamento pessoal. Assim como nos negócios, o ato de dar tem suas recompensas em qualquer relacionamento.

EM UM RELACIONAMENTO, ROSAS VERMELHAS NUNCA SÃO DEMAIS

Troy, um estagiário, assistiu recentemente a um dos meus seminários. Apesar de jovem, já estava no terceiro ano de casamento. Ele e a mulher, Nina, passavam então por uma fase difícil. Segundo disse, ele ficou mais tocado pelas minhas palavras quando percebeu que tinha deixado as "pequenas surpresas" morrerem lentamente.

Eis o que me contou:

– Nos primeiros anos de casado, eu sempre chegava em casa com uma surpresa. Às vezes, levava flores, às vezes chocolates da marca preferida de Nina. Mas, no ano passado, entramos em uma espécie de "obrigação" e tudo está ficando muito sem graça. Passamos até a alugar filmes para assistir no fim de semana, em vez de ir ao cinema e comer alguma coisa antes ou depois. Só costumávamos alugar filmes nas noites chuvosas e frias de meio de semana!

Várias semanas mais tarde, Troy voltou a me escrever, para contar que o relacionamento com Nina tinha voltado ao que era e que "dar e receber" se tornou uma prática em plena utilização.

E com você? Como andam as coisas?

CAPÍTULO 14

ACEITANDO E FAZENDO ELOGIOS

AS PESSOAS PEDEM CRÍTICAS, MAS SÓ QUEREM ELOGIOS.

W. Somerset Maugham

NESTE CAPÍTULO

■ Ligação entre derrotas no esporte e elogios ■ Ensinando às crianças que receber elogios é normal ■ A história de David – relação entre perfeccionismo e amor ■ Por que os elogios podem ser muito poderosos no ambiente de trabalho ■ A conta bancária da autoestima e os elogios ■ Diga a palavra mágica – "obrigado" – e se cale!

Um dos maiores obstáculos ao sucesso é a sua dificuldade de reconhecer que merece elogios. Neste ponto da leitura do livro, você já sabe como a autoestima controla a vida, com seu poder absoluto. Grandes realizadores sabem que devem enfrentar os problemas que surgirem em seu caminho e, para isso, precisam de um arsenal – e esse arsenal é a conta bancária da autoestima. Uma das maneiras mais rápidas de fazer depósitos na sua conta bancária da autoestima é aceitar os elogios que lhe fazem.

Como você responde quando alguém lhe faz um elogio? Encolhe os ombros e fica sem graça? Ou mantém a cabeça erguida e diz a palavra mágica – "Obrigado"? Vale a pena examinar o efeito do condicionamento imposto pela família sobre a sua sensação de merecer elogios ou não. Muitas pessoas são ensinadas a agir com "humildade", sem demonstrar que esperam elogios.

NÃO HÁ PROBLEMA EM VENCER... E NÃO HÁ PROBLEMA EM RECONHECER A VITÓRIA

O comportamento de alguns atletas depois de uma vitória me deixa atônito. Vi na televisão uma entrevista com o capitão de uma equipe vencedora. Em vez de elogiar a vitória e melhorar a autoconfiança dos jogadores, ele se concentrou em comentar os erros e disse algo como "tivemos a sorte de os adversários perderem alguns lances fáceis".

Não entendo por que fazem isso. Quem sabe, pensam que, se demonstrarem humildade, a mídia os trate com mais complacência quando perderem uma partida. (Tenho novidades para eles!) Talvez tenham uma surpresa, ao entrar em campo na semana seguinte e amargar uma derrota definitiva. Quando vejo um atleta diminuir uma vitória, faço questão de assistir à partida seguinte. Quase sempre o time perde ou tem um desempenho medíocre.

Acho que a verdadeira razão para os atletas agirem assim é o medo de serem tachados de "convencidos", caso aceitem os elogios com naturalidade.

Não quero dizer que aceitar elogios faz o time vencer, mas acredito que possa evitar a perda de forma. E, neste caso, "perda de forma" significa simplesmente perda de confiança. Quando um atleta de sucesso no críquete/tênis/futebol perde a forma, em 99,9% das vezes é por falta de autoconfiança. Tive o privilégio de dar consultoria a astros do esporte e de uma coisa tenho certeza: quando a autoconfiança deles melhora, o desempenho também melhora.

A parte complicada é que a perda de confiança talvez não esteja relacionada a eventos no campo esportivo. Pode ser uma questão pessoal, como problemas no casamento, morte ou doença na família. Tal tipo de evento tem tal peso que o indivíduo passa a colocar a vida particular acima do esporte. Como resultado, cai a concentração.

ENSINE ÀS CRIANÇAS QUE É NORMAL ACEITAR ELOGIOS

Entre os milhares de cartas que recebi dos leitores de *Você Pode!*, muitas eram de pais que afinal perceberam estar transmitindo aos filhos crenças ultrapassadas que tinham recebido dos pais *deles*! Entre essas cartas, muitas tratavam da atitude diante dos elogios.

Cassie, por exemplo, escreveu: "A ficha acabou de cair. Somente agora percebi que tenho problemas de autoestima. Até onde consigo lembrar, meus pais sempre deixaram claro que eu não era importante – meu pai, principalmente. Toda vez que eu conseguia excelentes resultados nos estudos, ele fazia questão de dizer que a escola era fraca e jamais faria de mim uma pessoa bem-sucedida. 'Somente o trabalho leva ao sucesso', ele proclamava. Claro que isso me fazia sentir inútil e pensar: por que me esforçar, se a única recompensa seriam as reprimendas do meu pai?

O que mais me assustou foi perceber que faço exatamente a mesma coisa – 'corto' os meus três filhos, quando chegam da escola dizendo que se saíram bem em determinada matéria. Meu marido e eu estamos nos esforçando ao máximo para apontar todo dia algo de bom que as crianças tenham feito. Não é fácil, mas passamos a focar o positivo, e não o negativo, como fizeram conosco."

PERFECCIONISMO E ELOGIOS

David é executivo sênior de uma grande corporação multinacional com sede em Brisbane. Ele me contou que nunca entendeu por que era tão exigente; por que queria tudo tão "certinho". Depois de ler *Você Pode!*, David percebeu que seu modo de agir refletia a educação severa que tinha recebido – em especial a exigência feita pela mãe de que todas as coisas estivessem perfeitas, "senão, não gosto mais de você". Ainda que os detalhes variem, essa é uma história comum. Muitos perfeccionistas concordariam com a teoria de David.

Melinda, que participou de um dos meus seminários em Perth, disse que sempre considerou seu perfeccionismo um sinal de alto nível de expectativa. Mas, depois de anos de luta contra estresse e depressão, ela hoje sabe que o perfeccionismo está mais ligado à necessidade de amor e aceitação da família do que ao desejo que fazer um trabalho melhor. Segundo ela, o condicionamento vinha dos tempos de escola, quando nunca era "boa o suficiente", quando tudo o que fazia ou tentava fazer era criticado pelos pais, criando assim uma busca sem-fim por aprovação e respeito.

Crianças que não costumam ouvir elogios nunca sabem realmente como estão se saindo, nunca têm oportunidade de se sentir valorizadas. E muitas se tornam adultos com baixa autoestima que constantemente "imploram" aceitação.

PERFECCIONISMO E ELOGIOS NO AMBIENTE PROFISSIONAL

Uma das perguntas mais frequentes em meus seminários para empresas é: "Se eu exijo de mim um alto padrão, não deveria esperar o mesmo da minha equipe?"

É uma boa pergunta, mas as pessoas que têm essa dúvida estão equivocadas. Elas consideram negligente quem não consegue alcançar padrões que estabeleceram. Mas o que acontece realmente é isto: não são os outros que não estão à altura; os administradores que fazem a pergunta é que **não conseguiram convencer a equipe da própria capacidade de alcançar um padrão mais elevado**.

Se a equipe soubesse que pode fazer melhor, estaria fazendo. Ninguém se levanta da cama de manhã com a intenção de contrariar o chefe. Somente uma boa liderança consegue desenvolver no outro a autoconfiança e incentivar a adoção de padrões mais elevados.

APRENDA A DIZER A PALAVRA MÁGICA

Você pode receber todos os elogios do mundo, mas, se não achar que merece, vai procurar razões para recusar. Algumas pessoas ficam encabuladas e mudas ou dizem coisas do tipo "não foi nada". Outras adotam uma postura mais agressiva, resmungando comentários como "o que será que ele quer?" ou "ela deve estar querendo alguma coisa". Essas respostas carregam a ideia de que você não merece elogios como parte normal da vida, e que há algo errado em ser elogiado.

Você precisa se acostumar a receber elogios, da mesma maneira como se acostumou a recusá-los. Aceitar um elogio é aceitar que o mundo considera você uma pessoa ótima. Se continuar a recusar, eles vão cessar! Veja o que quero dizer.

Maggie, recepcionista de um escritório de advocacia, me contou o seguinte: "Quando rejeitava elogios, eu estava na verdade dizendo que parassem de me elogiar. No meu emprego, procuro estar sempre bem-vestida. Quando comecei na firma, todos me diziam que eu estava ótima, que combinava bem as cores e assim por diante. 'Ah, peguei a primeira coisa que encontrei no armário', eu contradizia. Hoje, percebo que era uma bobagem. Afinal, passo pelo menos uma hora me arrumando para ir trabalhar! Eu merecia aqueles elogios!"

Maggie entendeu que, em seu próprio interesse, basta dizer uma palavra ao ouvir um elogio: "Obrigada!"

Tal como Maggie, você pode estar condicionando os seus amigos, parentes e colegas de trabalho a não lhe fazerem elogios. Você demonstra receptividade ao receber um elogio? Você agradece efusivamente ou tende a justificar o não merecimento?

Agora, você sabe que merece todos os elogios que recebe. E cada vez que aceita um deles, faz a sua autoestima crescer, assim como as suas expectativas quanto ao que é suficientemente bom para você.

Obrigado é uma palavra que pode fazer uma diferença enorme – mas só você pode decidir usá-la ou não.

CAPÍTULO 15

CARISMA É PARA TODOS – INCLUSIVE VOCÊ!

VOCÊ ATRAI O QUE ACHA QUE MERECE.

Paul Hanna

NESTE CAPÍTULO

▪ O carisma pode ser criado, mas não fingido ▪ Carisma é mais do que parece ▪ O sorriso de ouro – quantas vezes por dia você usa? ▪ Pense bem dos outros ▪ Vendedores insistentes e carisma ▪ Carisma e relacionamentos ▪ A história de Alan – em busca da mulher dos seus sonhos

Por que será que, quando algumas pessoas chegam, ninguém parece notar? E por que será que outras chegam e... bang! – todos se voltam?

Carisma, ou aura, é a inconfundível qualidade que transforma atores em celebridades, faz de um vendedor comum um funcionário de alto desempenho e separa o político suspeito do estadista admirado. Carisma é uma qualidade que você pode desenvolver aos poucos, se acreditar realmente que merece mais – se acreditar do fundo do coração que as pessoas são fantásticas.

O carisma pode ser criado, mas não fingido. Alguma coisa dentro de nós detecta se estamos diante de um indivíduo autêntico ou de um impostor. O que é, não sei, mas sei que existe. E quem pensa que pode fingir não compreende a ligação entre carisma e autoestima, entre ter carisma e estar em paz consigo. Quero dizer: ser feliz com o que se é, aceitando qualidades e defeitos. O carisma não depende de raça, sexo, altura ou cor dos olhos. É um recurso brilhante que todos possuímos, mas poucos aproveitam.

CARISMA É MAIS QUE BOA APARÊNCIA

Para entender o que é carisma, você precisa ver a vida como realmente é – não em filmes ou novelas, mas no dia a dia. A maior diferença entre o mundo de Hollywood e o nosso é que os bem-sucedidos em qualquer área da vida se parecem comigo e com você. São indivíduos normais que conseguiram "ir lá dentro", desenvolver a força de seu carisma e projetá-la para o mundo. Quando essas pessoas se olham no espelho, não veem apenas o reflexo da aparência delas. Elas sabem que, no fundo, são especiais – são importantes.

Ao entrar em uma sala repleta, você se sente vulnerável e com medo? Ou sabe que tem muito a dar àquelas pessoas? Ao começar um seminário, entro em um local lotado – em geral um auditório. Antes, eu me sentia amedrontado. A consciência me enchia de dúvidas. Minha roupa está bem passada? Estou acima do peso?

O que me fez mudar de ideia foi um artigo de revista que dizia: "Ao entrar em uma sala cheia de gente, não pense em si." É isso mesmo. "Não pense em si." Os seus pensamentos tanto podem ser demônios, como amigos. Ao entrar em uma sala repleta de desconhecidos, concentre o pensamento no que pode fazer por eles. Convença-se de que ali estão pessoas querendo ouvir o que você tem a dizer e com vontade de aprender. Elas vão achar você uma pessoa muito especial.

O SORRISO DE OURO – QUANTAS VEZES POR DIA VOCÊ ABRE UM SORRISO DE OURO?

Quando trabalhava na Qantas como executivo de marketing e viajava para o exterior a negócios, às vezes sentia dificuldade com o idioma ou sofria de alguma doença. Nesses casos, ao precisar desesperadamente de um favor, eu sabia que podia contar com meu sorriso para me tirar do aperto. Meu sorriso derrubava barreiras, e eu logo encontrava alguém disposto a me ajudar.

Falando em sorriso, quando foi a última vez que você viu um político de cara fechada diante de uma câmera? Na escola de política (brincadeirinha), eles devem aprender a sorrir todos os dias, sob qualquer condição. Eles sabem que o público desconfia deles e que é difícil transmitir uma mensagem em cinco segundos, durante o noticiário da noite – mas é mais difícil ainda sem o sorriso.

Todos fomos agraciados com essa maravilhosa ferramenta para o sucesso. Não digo que você deva sorrir como Tom Cruise ou Claudia Schiffer, mas sei que poucas pessoas utilizam esse recurso dinâmico como fator de atração e para iluminar a personalidade. Quer que tratem você melhor? Experimente praticar o sorriso muitas vezes por dia. Como acontece com tudo, quanto mais você pratica, mais à vontade se sente – e mais faz.

PENSE BEM DOS OUTROS

Pode-se dizer que 99% do carisma está na mente (ou seja, não depende da aparência). Assim, o que você pensa dos outros exerce uma influência fortíssima sobre a força do seu carisma. Quanto mais você tiver pensamentos positivos sobre os outros, mais eles vão considerar você uma pessoa carismática.

Nos meus primeiros dias de palestrante, quando as coisas não iam tão bem, eu conseguia prever pelo modo como me sentia se determinado dia seria positivo, com um ou dois contratos, ou negativo, sem nenhum contrato. Teriam os meus potenciais clientes captado as minhas vibrações? Talvez eles pudessem perceber quando eu esperava ser bem-sucedido e quando considerava o negócio perdido.

Muitos vendedores de sucesso me dizem experimentar o mesmo fenômeno, com mais ou menos intensidade. Eles me contam suas "histórias de guerra" – como conseguiram a "virada" quando assumiram responsabilidade por seus pensamentos e se convenceram da influência destes sobre o ânimo das outras pessoas e sobre o próprio sucesso ou fracasso.

ACABANDO COM O ESTEREÓTIPO DO VENDEDOR INSISTENTE

Marilyn é uma bem-sucedida corretora de imóveis que sabe tudo de carisma. Seu aprendizado se deu no período imediato a um divórcio conturbado. Segundo me contou, ao ingressar no setor, ela compartilhava da opinião de muitos, que consideram os corretores insistentes, insensíveis a argumentações, dispostos a vender o que o cliente não quer comprar e, o pior, a "passar-lhe a perna". A experiência me diz que nada disso é verdade. São apenas mitos acerca de indivíduos que atuam em um setor onde é comercializado um produto carregado de emoção: a casa onde você vai viver nos próximos anos.

Marilyn é dona de uma personalidade cordial e de um sorriso contagiante. Quem a convidou a trabalhar no setor foi Jack, um bom amigo que acreditava ter ela as qualidades que fariam o cliente relaxar na hora de tomar uma das decisões mais importantes da vida. Jack estava certo – bem, até certo ponto! Ele tinha razão quanto ao estilo de Marilyn, mas não sabia de suas crenças ultrapassadas a respeito daquele tipo de ocupação, nem de como tais crenças impediam a revelação de seu carisma.

Depois de quatro meses de um desempenho apenas razoável, ela aproveitou uma pausa para o cafezinho e perguntou a Jack qual seria o problema.

– No outro dia, quando fizemos uma visita ao imóvel, você forçou um pouco a situação com aquele jovem casal. Cheguei mesmo a ouvir a moça dizer que não iria ao leilão por ter achado o seu estilo muito agressivo – ele disse.

A conversa com Jack mostrou a Marilyn que sua ideia de como deveria ser um corretor atrapalhava seu desempenho. Anteriormente, trabalhando em uma grande loja de departamentos, ela conquistara muitos prêmios de vendas. Sabia que tinha carisma, portanto. Bastava ser ela mesma, e a ligação com o cliente se faria facilmente.

Dois anos se passaram, e Marilyn está, como se diz no setor, "bombando". Não somente alcança, como muitas vezes ultrapassa sua cota do mês. Ela reconhece que sempre teve habilidade para vendas e vontade de vencer, mas o que a tornou uma profissional bem-sucedida foi deixar vir à tona sua personalidade carismática.

CARISMA E RELACIONAMENTOS

Quando a questão é sobre o que é "certo" ou "perfeito" no relacionamento, muita gente se deixa influenciar pelos filmes de Hollywood. Sempre que ligamos a televisão, encontramos programas em que o *beautiful people* procura alcançar a riqueza. Para mim, isso não é problema. Adoro ir ao cinema assistir às aventuras de James Bond, por exemplo, com todos os seus truques e proezas incríveis. Mas, quando saio, não pego o carro para tentar fazer o que 007 faz.

Sei que tudo não passa de ficção e faz parte do escapismo dos filmes. O perigo é confundir a linha que separa o hollywoodiano do real.

ALAN PROCURA A MULHER DE SEUS SONHOS

Sem saber que seu chefe já havia marcado entrevistas individuais para todos os gerentes de primeira linha, Alan, um gerente, me procurou no fim de um seminário de meio dia e me convidou para um café. Ele estava impressionado com o que acabara de ouvir.

Cerca de um mês mais tarde, quando nos encontramos, Alan me falou da dificuldade em encontrar a mulher certa. Seria um problema de carisma? Eis seu relato: "Tenho me preocupado mais em encontrar a 'garota dos sonhos' do que uma companheira para a vida toda. Não tinha percebido como sou influenciado pelas imagens nada realistas transmitidas pelo cinema e pela televisão. Sempre me disseram que tenho uma personalidade envolvente, mas vejo que não a deixo vir à tona, pois sempre questiono se a garota serve ou não."

Algum tempo depois da nossa conversa, nos reencontramos, e ele falou de seus progressos com as mulheres, com base na descoberta de que suas expectativas irreais impediam a revelação de seu carisma. Era então uma pessoa mais relaxada, e os amigos notavam nele uma postura mais amistosa, em especial diante das mulheres com quem se relacionava socialmente.

Carisma é um componente poderoso e pode ser fator decisivo para o sucesso. Todos temos carisma, não esqueça. Tal como Alan, talvez você só precise remover algumas barreiras autoimpostas, permitindo assim que se revele a sua verdadeira personalidade.

Capítulo 16

APROVEITANDO O MOMENTO

> O ONTEM NÃO PASSA DE UMA LEMBRANÇA, E O AMANHÃ É APENAS UM SONHO.
>
> **Kahlil Gibran**

NESTE CAPÍTULO

▪ Por que o foco no "agora" pode ser um impulso para o futuro ▪ No trabalho, promoções e compromisso estão ligados ▪ Tommy – o melhor lavador de carros ▪ Deanne – a diretora de primeiras impressões ▪ Você não tem que vencer todas as discussões ▪ Deixe que as pessoas sejam o que são – você não tem que consertar todo mundo ▪ Aceite o seu corpo – os defeitos, inclusive ▪ Aprenda a dizer não

Você consegue se lembrar de uma época em que tudo parecia maravilhoso na sua vida? Talvez os longos dias de férias na praia, durante a infância. Ou, quem sabe, a saída da igreja, de braços dados com o seu amor, depois de pronunciar o "sim" mágico. Para alguns, podem ser aquelas horas de leitura agradável ao lado da piscina em meio às férias, sabendo que dispõe de mais duas semanas para fazer a mesma coisa!

Sempre que você experimentou essa sensação, é porque decidiu se soltar e aproveitar o momento, e esse foi o fator decisivo para alcançar toda aquela alegria. Sentir o momento é apenas absorver a sensação do "agora". É tornar a sentir o calor do sol nas costas, rever os rostos sorridentes a observar você no corredor da igreja, é pedir mais um coquetel de manga, quando sabe que não deveria, confiando em que o quarto do hotel está a poucos passos. Aproveitar o momento é "curtir" o esforço do presente, pensando em alcançar o futuro.

Esta matéria precisa ser dominada por todos os recreadores. Eles têm de focar a atividade atual de olho no que a agenda lhes reserva em seguida. Percebo isso todo dia, quando mergulho completamente no que faço – seja consultoria individual ou uma apresentação para 500 pessoas. Se me distraio e perco o foco, a plateia logo percebe – e eu também – e sente instintivamente que "viajei". Mas, quando me concentro inteiramente na pessoa ou no grupo que tenho diante de mim, aproveito cada momento, e isso salta aos olhos. O tempo voa. Muitos participantes chegam a comentar como as horas passaram depressa.

Você consegue lembrar uma situação em que se perdeu completamente no que fazia? Lembra como o tempo pareceu passar depressa? Como o relógio pareceu correr?

ALGUNS CONSELHOS QUE ME FORAM MUITO ÚTEIS

Todos ouvimos conselhos no decorrer da vida. Alguns de nada servem, mas outros têm o poder de fazer a diferença e mudar nossa vida. Em minha adolescência recebi um desses, vindo de um rico homem de negócios que diariamente fazia compras em nossa mercearia. Ele sempre chegava em um belo carro esporte. Sendo eu louco por automóveis desde que me entendo por gente, a chegada dele nunca me passou despercebida. Certo dia, no final de 1975 – o ano em que meu pai morreu – eu atendia na loja durante as férias escolares, quando ele surgiu em um reluzente Porsche 911 vermelho. Curioso, perguntei:

– Como o senhor se tornou tão bem-sucedido, a ponto de poder comprar um Porsche novo?

Eu me lembro da resposta, palavra por palavra:

– Filho, se você se entregar ao que faz, o dinheiro vem.

Na época, pensei que ele quisesse dizer que eu deveria encontrar o emprego dos meus sonhos, fazer o que gostava, e o dinheiro viria. Mas não era isso. Ele queria dizer o seguinte: entregue-se a todas as tarefas que tiver pela frente, apaixone-se pela sua atividade, e o dinheiro virá.

Existe uma diferença enorme entre as duas interpretações. A primeira implica a busca de um emprego que prometa rios de dinheiro e lhe garanta a autonomia de fazer o que gosta – talvez um negócio próprio. Mas muitos empresários falham por pensarem que, ao trabalhar por conta própria e deixar de receber ordens, ganharão montes de dinheiro e ficarão menos estressados. Nada poderia estar mais longe da verdade. Quando você é responsável pelo dinheiro, torna-se o chefe mais durão do mundo. Sem desculpas. De acordo com a segunda interpretação, ao se dedicar integralmente à tarefa que assumiu, você garante o sucesso. Todo mundo repara naqueles funcionários que vão muito além das próprias atribuições e fazem isso com prazer. Estes são os que recebem as promoções.

Muitos empregados dedicam esforço e tempo ao trabalho sem qualquer recompensa extra. Em alguns casos, assumem o papel de mártires, fazendo questão de ressaltar o fardo que carregam. Se é esse o seu caso, pare! Ninguém gosta de gente chorona, e tal tipo de comportamento só serve para marcar você como uma pessoa incapaz de assumir mais responsabilidade – então, como receber uma promoção?

Faça o seguinte: de agora em diante, concentre toda a sua energia em encontrar prazer no trabalho e aproveitar o momento presente. Repare nas pessoas "legais" com quem convive profissionalmente e no estilo de vida que você consegue manter. Se pensa "detesto meus colegas de trabalho e tenho um estilo de vida horrível", faça uma avaliação da sua autoestima. Foi ela, em primeiro lugar, que levou você a aceitar o emprego e, em segundo lugar, a continuar nele. Com a elevação da autoestima, uma de duas coisas pode lhe acontecer: gostar mais do seu atual emprego ou trocá-lo por outro melhor. De qualquer modo, será o movimento certo.

TOMMY, O MELHOR LAVADOR DE CARROS QUE EXISTE

Toda vez que levo meu carro para lavar, eu me lembro do conselho que recebi na adolescência daquele homem de negócios. Nas frias manhãs de inverno e nas escaldantes tardes de verão, o princípio é demonstrado diante dos meus olhos. Tommy, o lavador de carros, é o máximo do profissional. Ele reúne tudo o que este conselho significa: "Faça o que gosta, e o dinheiro virá." Tommy não é milionário, nem quer ser. Suas metas vão muito além do dinheiro. Segundo me disse certa vez, o que o motiva a sair da cama cedinho todas as manhãs é a confiança dos clientes em sua capacidade de transformar um carro sujo em uma imaculada peça de exposição – não somente bonita, mas um componente da imagem do dono em meio à acirrada competição do mundo dos negócios.

O modo como ele seca a lataria com uma flanela, aspira o interior e dá brilho nos vidros prova que o tempo necessário para fazer um mau serviço é o mesmo que se gasta para fazer um serviço excelente. A única diferença é a atitude! Para Tommy, "aproveitar o momento" não está somente no cuidado com o carro, mas no prazer da convivência diária com os fregueses, implica a certeza de que outros dependem dele para andar em um veículo impecável, sete dias por semana. Ele poderia se lamentar pelo frio das manhãs de inverno e pelo calor das tardes de verão, mas prefere "aproveitar o momento". E isso se manifesta na quantidade de clientes atraídos pela propaganda boca a boca – a melhor de todas!

DIRETORA DE PRIMEIRAS IMPRESSÕES

Deanne é recepcionista de uma grande corporação. Ela foi a primeira pessoa que encontrei ao procurar o gerente administrativo para tratar da organização de um seminário.

Cerca de um mês depois, ela assistiu a uma das minhas palestras e, mais tarde, comentou como se havia identificado com o tema "aproveitar o momento". Eis seu relato: "Meses atrás, eu estava aborrecida, deprimida mesmo, com o trabalho de recepcionista. Queria mudar para uma posição mais "respeitada" na organização. Roger, o diretor administrativo, reparou na minha atitude desanimada e perguntou o que havia de errado. Respondi que preferia mudar de função, pois não me sentia valorizada pelos colegas nem pelos clientes.

Sem qualquer interrupção, ele me ouviu. E então, pronunciou as palavras mágicas que mudaram minha vida para sempre: 'Não entendo, Deanne. Você é a diretora de primeiras impressões! Nenhum outro funcionário da organização exerce tanta influência, todos os dias.'

Eu não havia percebido a importância da minha função. Imediatamente me senti bem melhor e, quanto mais pensava no assunto, mais sentido faziam as palavras de Roger. Seus comentários me ajudaram a compreender que, dali por diante, eu teria que me entregar ao trabalho, pois cada telefonema atendido ou cada cliente que chegava à recepção eram oportunidades de fazer ou destruir a empresa."

Deanne encerrou dizendo que sua autoestima tinha chegado às alturas. Seu modo de atender os clientes – quer por telefone, quer pessoalmente no balcão de recepção – era elogiado por todos. Dona de uma segurança recém-conquistada, ela passou a se vestir melhor, com mais profissionalismo. Deanne realmente "aproveita o momento" e adora o que faz. Com isso, segundo contou, impressionou o diretor de vendas, que a convidou a se candidatar ao cargo da assessora dele.

OITO SUGESTÕES PARA FAZER VOCÊ APROVEITAR O MOMENTO

1. VOCÊ NÃO TEM DE VENCER TODAS AS DISCUSSÕES

Provavelmente você já ouviu dizer que "Ganhar a batalha não é vencer a guerra." O significado dessa afirmativa pode ser o seguinte: no caso de uma desavença, talvez você ganhe determinada discussão, mas venha a pagar por isso um preço altíssimo a longo prazo, sob a forma de danos ao relacionamento.

Na próxima vez em que se desentender com alguém, respire fundo dez vezes e se pergunte: vale a pena vencer a disputa causando prejuízos à relação? Não quero que você se transforme em um "capacho" em que todo mundo pisa. Quero apenas que mantenha os olhos fixos nas metas que traçou. Se uma das suas metas for um relacionamento carinhoso com o(a) parceiro(a) ou um relacionamento harmonioso com os colegas de trabalho, compare as pequenas vitórias com o resultado final.

2. NÃO SEJA A "PALMATÓRIA DO MUNDO"

Neste planeta, cada um é cada um e tem um modo de viver. É muito fácil cair na armadilha de se tornar a "palmatória do mundo" e sair por aí tentando identificar e corrigir o que não estiver perfeito.

Tal atitude só serve para deixar patente o quanto você é inflexível. Procure ver as coisas que normalmente desejaria mudar como lições de aceitação. Moda, alimentação, identidade racial – esses aspectos variam porque são eles que fazem o mundo girar.

Na próxima vez em que sentir o impulso de enquadrar as pessoas ao seu estilo preferido, respire fundo e agradeça à sua estrela da sorte por existirem as diferenças e por ser possível expressá-las livremente. Muita gente se esquece de valorizar esse tipo de liberdade. Quer trazer paz ao seu mundo? Procure aceitar as pessoas e suas peculiaridades como parte da vida, e não como falhas a serem corrigidas.

3. FAÇA POR AGRADAR A VOCÊ, E NÃO AOS OUTROS

Até que ponto você busca a aprovação alheia? Você vive tentando agradar aos outros? Talvez, por exemplo, você se relacione com uma pessoa de determinada raça ou profissão mais para satisfação dos outros do que sua. Quem sabe seguiu a carreira do pai, da mãe ou de um irmão, para manter a tradição em Medicina, Direito ou Engenharia? Esse não é o caminho do sucesso. Faça a sua cabeça e siga em frente.

4. ACEITE O SEU CORPO COMO ELE É

Não acredito haver encontrado uma só pessoa neste planeta que estivesse inteiramente satisfeita com o próprio corpo. Algumas querem emagrecer; outras, ter peito maior ou músculos mais fortes; outras, ainda, gostariam de seguir determinada tendência quanto ao formato dos lábios e do nariz, à cor dos olhos e dos cabelos. Embora ache ótimo o desejo de uma boa aparência, a ironia está no fato de a primeira etapa de todo programa de desenvolvimento pessoal ser a autoconfiança. Primeiro, você tem de acreditar que está bem para despertar a determinação de conseguir.

5. NÃO QUEIRA COMPETIR INDEFINIDAMENTE

Quantas vezes você já se pegou agindo sob pressão, por não querer ficar atrás de alguém? Nada de mal em querer um carro melhor ou uma casa maior, mas primeiro examine a sua intenção: é um caso de necessidade ou de ter mais do que o outro?

6. PONHA UM POUCO MAIS DE IMPULSIVIDADE NO SEU MUNDO

Sou o primeiro a dizer que precisamos de metas, mas uma vida previsível demais pode prejudicar a força criativa. Ponha um pouco de imprevisibilidade na sua vida e veja a emoção crescer. Experimente ir ao cinema em uma noite que pretendia passar em casa ou passar um fim de semana na praia, sem qualquer planejamento.

7. APRENDA A DIZER NÃO.

Aprender a dizer não sem sentir culpa pode ser um fator importante quando se pretende aproveitar o momento. Muitas vezes, você tem vontade de ficar em casa à toa, mas se sente na obrigação de comparecer a uma reunião de família ou a um jantar, por exemplo. Tais ocasiões costumam ser divertidas, mas não quando o seu humor diz: "Menos..." Na próxima vez em que não quiser ir, diga isso – e veja o seu contentamento aumentar.

8. OFEREÇA UM JANTAR OU UM CHURRASCO

Às vezes, é preciso cuidar da sua vida e também da vida alheia – não no sentido pessoal, mas no sentido "festeiro". Nenhum jantar ou churrasco bem-sucedido surge do nada. Tudo começa com uma ideia, seguida de trabalho árduo, até chegar o grande dia.

E o que têm a ver jantares e churrascos com aproveitar o momento? Tudo! Quando você se cerca de amigos em uma ocasião divertida, experimenta a verdadeira mensagem deste capítulo – aproveitar cada momento como se fosse o último.

Capítulo 17

NÃO JULGAMENTO – DEIXE DE JULGAR OS OUTROS

> Caminhe uma milha com o calçado de outro índio antes de julgar.
>
> **Ditado de uma tribo nativa norte-americana**

NESTE CAPÍTULO

▪ A história de Judith – menos pressão sobre o filho adolescente ▪ Considere que as suas crianças estão sempre melhorando – e elas vão melhorar! ▪ Raça, sexo e discriminação – quais foram as mudanças ▪ O döner kebab chocante ▪ Não julgamento e viagens internacionais

Depois de haver estudado e dominado algumas técnicas apresentadas nos outros capítulos, considere-se uma pessoa pronta para ler este. Digo isso porque, passando em revista o material encontrado neste livro e em *Você Pode!*, percebo no atual capítulo grandes possibilidades de ajuda para as suas conquistas. Eu me refiro ao não julgamento – fazer mudanças interiores, para deixar que fatos e pessoas passem pela sua vida mantendo ritmo próprio.

JUDITH DIMINUI A PRESSÃO SOBRE O FILHO ADOLESCENTE

Não é nenhum segredo o fato de que pais e filhos adolescentes usam, com frequencia, comprimentos de onda diferentes para se comunicar; uns não escutam realmente o que os outros dizem. Judith, assessora pessoal de um cliente meu, me contou sua história, não faz muito tempo.

Ela realmente ama o que faz, apesar das longas horas que é obrigada a permanecer no escritório. Judith sabia disso quando aceitou o cargo, doze meses atrás, mas ultimamente vem sentindo dificuldade – não em termos profissionais, mas sob o aspecto doméstico, já que constantemente vem "batendo de frente" com Josh, seu filho de 15 anos.

Segundo Judith, a parte da palestra que mais ele agradou foi quando comentei sobre não julgamento. Ela se lembrou imediatamente de Josh. Eis seu relato: "Nunca me considerei dominadora, mas, fazendo um retrospecto, acho que tenho invadido o espaço emocional de Josh. Aos 15 anos, ele quer encontrar o próprio caminho e diz ter a impressão de que estou sempre espiando por cima do ombro dele."

Esse hábito de Judith criou um ambiente de desconfiança entre ela e o filho. Os dois chegaram a discutir e a passar dois dias sem se falar. Ela continua:

"No meu trabalho, saber ouvir é a qualidade mais importante, já que tenho um chefe superocupado, que detesta quando não fazem o que ele diz. Mas em casa a história é diferente. Descobri que raramente escuto o que Josh fala e ainda quero que ele me dê tanta atenção quanto dava quando era pequeno."

Judith disse que sua descoberta mais importante acerca de não julgamento foi que, se conseguisse pensar em Josh como uma pessoa cada vez melhor, e reforçasse isso, ele acabaria se aproximando. Por outro lado, se mantivesse a mesma atitude, ele se revoltaria cada vez mais e talvez o próximo telefonema que ela recebesse fosse da polícia.

Ela concluiu dizendo que minha afirmativa de que **quando você dá as respostas, tira o poder das pessoas** tinha acertado o alvo:

"Agora eu sei que pressionar Josh e tomar por ele todas as decisões difíceis somente serve para cultivar sua dependência, em vez de fazer dele um adulto independente. Foi o que aconteceu com o filho da minha irmã, mimado desde que nasceu. Ele cresceu inseguro da própria capacidade de tomar decisões e, aos 25 anos, ainda recorre aos pais. De agora em diante, vou concentrar toda a minha energia em escutar o que Josh tem a dizer e em aceitá-lo como é, sem tentar transformá-lo no que eu gostaria que fosse."

RAÇA, SEXO E DISCRIMINAÇÃO

Fui educado nos anos 70, em um sistema escolar bastante anglo-saxão. Isso não representou problema, já que meus pais também frequentaram a escola na Austrália, e nossa criação não obedeceu a um estilo tipicamente nativo. Quer dizer: comíamos alguns alimentos "nativos", mas o restante era basicamente muito "anglo".

No primeiro dia do período escolar, na volta das férias, aconteceu um fato incrível. Até então, apenas eu e talvez outros dois meninos tínhamos uma bagagem étnica, mas éramos suficientemente "anglos" para nos misturarmos ao grupo sem qualquer destaque. Na hora do recreio, um recém-chegado de origem libanesa tirou a merenda da lancheira. Quase morri. Eu não podia acreditar: *döner kebab** – carne de cordeiro, porco, boi ou frango – com grão-de-bico e tabule! Fiquei em pé de um salto e perguntei:

– Que diabos é isso aí? Quer nos assustar?

Como os tempos mudaram! Visite o setor de alimentação de qualquer centro comercial e vai encontrar uma grande variedade de comida libanesa, tailandesa, turca, mexicana ou a que quiser. A Austrália percorreu um longo caminho, em termos de tolerância e não julgamento, dos anos 70 até hoje. Se queremos ampliar os horizontes, devemos cuidar, em primeiro lugar, para que todos "relaxem" um pouco e aprendam a se sentir confortáveis com o que são. O resto é consequência.

NA ÁSIA, APRENDI A NÃO JULGAR

Um dos pontos altos da minha vida profissional foi a oportunidade de visitar regularmente a Ásia. Quando trabalhei na Qantas, estive em contato com todos os aspectos de férias passadas na Ásia, da China à Tailândia, de Bali a Hong Kong, da Índia ao Japão. Que variedade cultural! E que maravilhosa oportunidade de aprendizagem!

Para mim, a regra número 1 durante as viagens – seja para a Ásia ou para qualquer outro lugar – é "relaxe" e "viva e deixe viver". Se você começar a julgar tudo o que vê segundo os seus padrões, vai acabar transformando a viagem em pesadelo. Cada lugar tem cheiro, sons, tráfego, costumes, comida e até senso de humor característicos. Na Ásia, o povo sempre me impressionou pela atitude em relação ao trabalho e pela atenção aos detalhes. Em Bali, por exemplo, tanto em hotéis cinco estrelas como em pequenos restaurantes – barongs – todos se orgulham do que fazem e recebem o hóspede com o mesmo calor, como se ele fosse um parente há muito esperado.

Mas este capítulo é sobre não julgamento, certo? Não julgamento é o que vi nos países que visitei. As pessoas não se importam com

---

* Prato típico feito com carne de cordeiro, porco, boi ou frango.

perguntas ou comentários tolos. O importante é garantir que o visitante aproveite a estada. É o completo não julgamento em ação.

Você pode ser muito mais feliz se der menos atenção às diferenças e apreciar as pessoas por suas belas particularidades. Assuma agora o compromisso de se esforçar para aceitar os outros como são. Você vai se surpreender ao descobrir que a aceitação vai e volta.

Capítulo 18

O QUE DIRIA O SEU EPITÁFIO?

> O QUE ESTÁ ATRÁS DE NÓS E O QUE SE ESTENDE À NOSSA FRENTE É MUITO POUCO COMPARADO AO QUE TEMOS DENTRO DE NÓS.
>
> **Henry David Thoreau**

NESTE CAPÍTULO

▪ Uma reavaliação do que você tem feito da vida ▪ A história de Richard e Olívia – 40º aniversário em Paris ▪ A história de Len – gerente geral e um pai melhor ▪ A história de Martina – nunca termino coisa alguma ▪ A história de Grant – o "sr. Eu Vou!"

Talvez eu pareça um tanto mórbido ao perguntar o que estaria escrito sobre o seu túmulo, mas, depois do acidente quase fatal sofrido pela minha mãe (conforme conto no capítulo 9), devo admitir que me reavaliei e me fiz algumas perguntas difíceis.

Se eu morresse amanhã, teria feito a diferença neste planeta? Existe alguém a quem eu tenha magoado e deva consertar a situação? Meu tempo está bem dividido entre trabalho, família e amigos? Há alguma coisa que desejo fazer ou algum lugar que tenho vontade de visitar, mas nunca me decido? É possível melhorar a minha saúde?

Essas são algumas das perguntas que me fizeram pensar: Para onde vou? Como chegar lá? Mas a pergunta mais difícil é: "O que dirá o meu epitáfio?" É ela que faz você se reavaliar e examinar a sua qualidade – ou falta de qualidade – de vida no momento.

CHEGA DE DESCULPAS. VAMOS A PARIS!

Richard participou de um seminário para uma grande instituição financeira no Central Coast, em Nova Gales do Sul. Para encerrar, lancei a pergunta sobre o "epitáfio". Ele levou um susto. Sentiu-se instigado pela questão e só conseguia pensar em Paris.

– Paris, na França? – perguntei.

– Exatamente.

Richard e a mulher, Olivia, sempre falavam em visitar Paris, para comemorar o aniversário dela de 40 anos. Australianos autênticos, eles não possuíam parentes franceses. Mas sempre desejaram conhecer Paris, que consideravam a cidade mais romântica do mundo. Eis o relato de Richard: "Sempre falamos no assunto, mas uma vozinha lá no fundo parece questionar a lógica de gastar milhares de dólares em uma viagem, quando poderíamos usar esse dinheiro para melhorar o carro ou aumentar a casa e ainda passar férias no Taiti."

Cerca de seis meses mais tarde, tive o privilégio de fazer outra palestra, como uma continuação da primeira, para a mesma organização. Quando Richard me encontrou, trazia no rosto um largo sorriso. Ele e Olivia acabavam de voltar de seis meses de férias na Europa – e adivinhe onde haviam passado o 40º aniversário dela? Em um belo restaurante no Champs-Elysées, em Paris! Richard contou que, no momento em que pedi aos participantes que escrevessem os próprios epitáfios, um desejo incontrolável brotou dentro dele.

"Quando você lançou a pergunta, pensei: 'Nunca vou me perdoar se envelhecermos em meio a justificativas para não visitar Paris.' Ao chegar em casa, naquela noite, fui direto até a Olivia e disse: 'Vamos a Paris.' E pronto. Foi melhor do que imaginávamos. E estamos planejando voltar lá daqui a dois anos!"

Richard encerrou seu relato dizendo:

"Paris sempre esteve à nossa espera. Bastou acreditarmos em nós e nos empenharmos."

UM NOVO EPITÁFIO: UMA NOVA PESSOA

Recentemente, fiz uma palestra em Blue Mountains, a oeste de Sydney, para o lançamento da campanha de vendas de uma grande empresa australiana. O diretor de marketing tinha lido *Você Pode!* e me contratou. No fim da apresentação, eu autografava alguns livros no fundo do auditório, quando se aproximou um rapaz que se apresentou como Len. Dizendo que tinha gostado muito da apresentação, ele me convidou para um chá, mais tarde. Eu aceitei.

A próxima da fila era Terri. Enquanto tinha o livro autografado, ela comentou a forte impressão que eu causara no "chefão". Foi assim que fiquei sabendo: o "chefão" era Len, que eu acabara de conhecer!

Cerca de uma hora mais tarde, Len e eu saboreávamos um chá de hortelã, e ele me dizia mais uma vez como havia gostado da apresentação. Tal como muitos da mesma idade, ele havia galgado posições na empresa, aprendendo e criando uma rede de funcionários leais e uma dedicada equipe de gerenciamento. Prosseguindo, ele falou sobre os muitos palestrantes que tinha ouvido discorrer sobre o mesmo assunto, mas nenhum deles tinha mencionado "o epitáfio". Segundo disse, minhas palavras levaram seu pensamento à casa e à família e consequentemente ao muito que a mulher e os filhos tinham sido obrigados a suportar. Eis seu relato: "Sempre quis chegar a gerente geral, e a realização do meu sonho, há dois anos, além de representar uma grande satisfação, me possibilitou a compra de uma casa nova, melhorando assim o nível de vida da família. Mas tenho pensado no pouco tempo que passo com minha mulher e filhos, desde que assumi o cargo de gerente geral. E agora sei que não quero morrer deixando registrado no meu epitáfio que fui ótimo como funcionário e provedor, mas péssimo como pai."

Len disse que estava determinado a começar imediatamente a reescrever seu epitáfio. Uns quatro meses mais tarde, recebi um cartão-postal do Grand Canyon, no Arizona, Estados Unidos. Era de Len, para me agradecer por ter lhe dado o "pontapé no traseiro" de que, segundo ele, tanto precisava. O cartão dizia: "Depois de passar duas semanas com a família, descobri o que me fazia falta!"

MEU EPITÁFIO DIRIA QUE NUNCA TERMINO O QUE COMEÇO

Martina me procurou no fim de um seminário para uma empresa de produtos farmacêuticos no Gold Coast. Segundo me contou, era freqüentadora de seminários para desenvolvimento pessoal e sempre saía deles cheia de boas intenções. Com o passar do tempo, porém, perdia o interesse e abandonava as metas estabelecidas.

Veja o que ela contou: "Meu epitáfio diria que tenho boas intenções, mas me falta coragem para persistir na busca da realização dos meus sonhos. Agora, tomei a decisão de estabelecer uma meta e correr atrás dela. Quero muito ser promovida, de assessora a representante geral de vendas. Na última promoção, não fui a escolhida, o que me deixou bastante negativa em relação à empresa, a ponto de descuidar da apresentação pessoal. Com isso, minha situação ficou mais difícil, mas a partir de hoje estou comprometida com o meu sonho. Ainda que não consiga o cargo tão desejado, sei que o meu epitáfio se referirá a mim como uma pessoa persistente - que nunca desiste!"

GRANT, O "SR. EU VOU"

Grant é um amigo da família, mais ou menos da minha idade. Nós nos conhecemos ainda crianças, mas perdemos contato por dez anos, já que ele se mudou com o pai para Melbourne, quando a mãe morreu.

Grant me escreveu para contar como havia gostado de *Você Pode!* e como estava satisfeito com o meu sucesso. Segundo ele, embora tivéssemos mais ou menos a mesma idade e a mesma (pouca!) escolaridade, existia uma grande diferença entre nós. Grant vivia dizendo "eu vou" fazer isso, "eu vou" fazer aquilo, mas nunca se comprometia realmente com qualquer realização. Sempre à espera da "grande chance", somente agora ele percebera quantas "grandes chances" tinha desperdiçado por falta de foco e dedicação.

Grant fez uma observação que jamais esquecerei. Ele disse que ainda era jovem e tinha tempo de reescrever seu epitáfio. "A vida só acaba quando chega a morte e, a partir de hoje, vou mudar!"

SE EU SÓ TIVESSE SEIS MESES DE VIDA...

Como você terminaria essa frase? O que faria, se só tivesse mais seis meses de vida neste planeta? Sei que posso parecer um tanto sinistro, mas acho bom fazer uma "checagem da realidade" de vez em quando. Quem sabe se você estará aqui amanhã ou no ano que vem? Na vida, nada é garantido e gosto de me lembrar constantemente dessa possibilidade. Funciona como um desafio e me faz pensar em coisas que posso estar deixando para depois ou em desculpas que posso estar procurando para não tentar.

Experimente concluir a frase "Se só tivesse seis meses de vida, eu..." Você vai se surpreender ao ver como as desculpas desaparecem!

NUNCA É TARDE DEMAIS PARA MUDAR

Todos temos a oportunidade de alterar nosso epitáfio. Nunca é tarde demais para reescrevê-lo. O controle está nas suas mãos. Ninguém pode fazer isso por você. Nos próximos dias, reserve um tempo tranquilo e pense cuidadosamente no que pode ser escrito a seu respeito. Então, opere algumas mudanças que criem um epitáfio adequado à pessoa especial que você é.

CONSIDERAÇÕES FINAIS

Durante as viagens aéreas, costumo deixar minha mente vagar, passando por clientes, família, amigos e livros. Em um voo recente, tive a demonstração de como podemos ser impacientes. Bem ao meu lado, sentou-se uma mulher com um bebê de 1 ano. Devo admitir que, ao vê-la se acomodar, pensei: "Isso vai ser divertido. Uma criança se esgoelando até Perth!"

Mas o garoto era um anjinho. Dormiu a maior parte do tempo e, quando estava acordado, sorria e fazia carinhas engraçadas para mim e para a tripulação. Jerry – esse era seu nome – só fez nos divertir!

Logo aquele garotinho estará assumindo uma das mais grandiosas missões da vida: aprender a andar. Você já viu um bebê dar os primeiros passos? Se viu, certamente sabe da determinação e da autoconfiança demonstradas pelo pequenino. E deve ter percebido o estímulo oferecido pela família – o tipo de apoio que gostaríamos de receber indefinidamente.

Outra lembrança que você deve guardar dessa ocasião maravilhosa: o tombo do bebê! Todos começaram a gritar com ele, chamando-o de fracassado? De modo algum. As pessoas em volta o incentivaram e, antes que se dessem conta, ele estava demolindo a sala!

Acredite! Você Pode! trata basicamente de "andar outra vez". Por muito tempo, você sofreu o condicionamento para aceitar a situação em que se encontra ou para agradecer o que recebeu da vida, mas isso é o mesmo que impedir a revelação do seu verdadeiro potencial. Meu mais sincero desejo, neste ponto do livro, é que você renove a sua autoconfiança e a sua determinação de conseguir mais, tanto na vida pessoal quanto na vida profissional.

Você imagina o que aconteceria a Jerry, se seus pais considerassem suficiente para ele engatinhar e fazer gracinhas? Exatamente! Ele chegaria aos 30 anos ainda de joelhos no chão! De certo modo, talvez você esteja "engatinhando" em algumas áreas da vida. Antigas crenças podem estar enfraquecendo a sua vida pessoal, financeira e profissional. O interessante é que você tomou uma providência, não somente ao comprar este livro, mas ao ler até aqui.

Agora, o maior desafio: colocar em ação os conceitos que aprendeu. É o mesmo que comer uma fatia de bolo, pode acreditar! Vou explicar. Quando me vejo diante de uma tarefa árdua, penso nela como um grande bolo que deve ser cortado em fatias, que serão comidas uma de cada vez. Assim, o que a princípio parecia assustador fica muito mais fácil de resolver.

Escrever *Você Pode!* e *Acredite! Você Pode!*, por exemplo, foram duas das maiores tarefas que assumi, não apenas pelo tamanho da empreitada propriamente dita, como pela intensa movimentação dos meus seminários. No entanto, fatia por fatia – ou capítulo por capítulo – os livros foram concluídos.

Se você se assusta com o peso de uma tarefa e adia o início, nunca vai conseguir terminar. É como diz o velho ditado: "Uma jornada de mil milhas começa com um passo."

Finalmente e acima de tudo, lembre que você é uma pessoa única neste planeta e está aqui para fazer a diferença. Por mais difícil que seja a vida, ou por maiores os obstáculos que surjam no caminho, lembre-se destas palavras ditas por Calvin Coolidge, o 30º presidente dos Estados Unidos:

NADA NO MUNDO PODE SUBSTITUIR A PERSISTÊNCIA.
O TALENTO NÃO PODE;
NADA É MAIS COMUM DO QUE GENTE TALENTOSA MALSUCEDIDA.
A GENIALIDADE NÃO PODE;
GÊNIOS NÃO RECONHECIDOS SÃO QUASE PROVERBIAIS.
A FORMAÇÃO ACADÊMICA NÃO PODE;
O MUNDO ESTÁ CHEIO DE INDIVÍDUOS CARENTES,
APESAR DA BOA EDUCAÇÃO.
SOMENTE A DETERMINAÇÃO E A PERSISTÊNCIA SÃO ONIPOTENTES.

Rir muito e frequentemente.
Conquistar o respeito de pessoas inteligentes
e o afeto das crianças.
Despertar a admiração de críticos honestos
e resistir à traição de falsos amigos.
Apreciar a beleza.
Descobrir o que os outros têm de bom.
Deixar o mundo um pouco melhor,
seja sob a forma de uma criança saudável, um jardim
ou uma condição social mais digna.
Saber que uma vida foi salva
porque você viveu.
Isso é sucesso.

RALPH WALDO EMERSON

ENSAÍSTA, POETA E FILÓSOFO NORTE-AMERICANO (1803-82)

Conheça também outros livros da FUNDAMENTO

VOCÊ PODE!

Paul Hanna

Um acontecimento traumático – a morte do pai – fez com que o autor Paul Hanna passasse a ter a certeza de que as pessoas bem-sucedidas não se deixam vencer pelos momentos difíceis. E mais, ainda os superam em qualquer circunstância. *Você Pode!* foi a forma que ele encontrou de dividir suas ideias de autossuperação, coragem e perseverança com milhares de pessoas. Seja uma delas!

VENDA MAIS! VOCÊ PODE!

Paul Hanna

Paul Hanna, palestrante que já trabalhou com multinacionais como a Toyota e o McDonalds, alia seu conhecimento sobre motivação às técnicas secretas dos vendedores mais bem-sucedidos.

Entre outras informações valiosas, saiba como evitar "as dez coisas que nenhum vendedor deve fazer", como estabelecer uma boa rede de relações e a trabalhar sua autoestima. Aproveite dezenas de dicas valiosas para vender mais e melhor!

EDITORA FUNDAMENTO

www.editorafundamento.com.br

Conheça também outros

NÃO DESISTA! VOCÊ PODE!

Paul Hanna

Não desista! Você pode! é o relato de uma situação dramática vivida pelo autor Paul Hanna. Em 2002, ele sofreu um grave acidente e correu o risco de nunca mais andar. Este livro e a recuperação de Hanna são o resultado da decisão dele de superar o problema e dividir a experiência com milhares de pessoas.

Muito mais que uma obra de motivação, uma lição de vida. Você vai ver como é possível transformar um momento de adversidade em uma oportunidade para mudanças profundas.

PENSAMENTO SAUDÁVEL

Dr. Mulholland

Não deixe que maus acontecimentos azedem os seus planos e impeçam a sua felicidade! Neste livro, você vai aprender que, com uma atitude positiva, todos os momentos da vida se tornam mais simples e recompensadores!

Determine as suas metas e descubra a maneira certa para alcançá-las. Use o pensamento saudável para vencer o medo, a inércia, a depressão e dar a volta por cima!

livros da FUNDAMENTO

ATITUDE! 3

Justin Herald

O autor da série de bestsellers *Atitude!* ensina, em *Atitude! 3*, como divulgar sua empresa usando táticas simples e comprovadas, ideias de marketing de baixo custo ou mesmo de custo zero.

Aprenda como tornar a sua marca diferente das outras, como formar um bom relacionamento com seu cliente e como focar o serviço – o componente mais importante de um negócio. Promova sua empresa com trabalho e *Atitude!*

ATITUDE! 4

Justin Herald

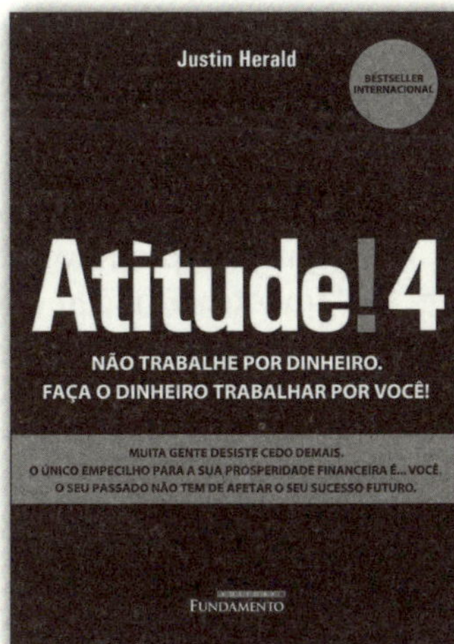

O que está impedindo a sua prosperidade financeira? Em *Atitude! 4*, Justin Herald afirma que o único empecilho pode ser... você mesmo! O autor da série de bestsellers *Atitude!* é enfático: caráter e ações são fatores que influenciam diretamente no nível de êxito que você pode alcançar.

Descubra como manter o foco e a determinação em busca dos seus objetivos.

Não tema o fracasso e aprenda com os erros cometidos. Aprimore a sua vida com *Atitude! 4*.

EDITORA FUNDAMENTO

www.editorafundamento.com.br

Cartão-Resposta
9912208203/08 - DR/PR
EDITORA
FUNDAMENTO
CORREIOS

CARTÃO-RESPOSTA

NÃO É NECESSÁRIO SELAR

O Selo será pago pela Editora Fundamento Educacional Ltda.

"NÃO COLOCAR EM CAIXA DE COLETA
ENTREGAR NO GUICHE DE UMA AGÊNCIA DA ECT"

40-240 – A/C EDITORA FUNDAMENTO